U0137077

佛法普遍於法界，佛性普具於有情，
眾生皆可成佛，諸佛皆有淨土。
一切大乘佛法，都是嚴淨佛土之行。

佛說觀無量壽佛經白話解釋

黃智海 註解
劉宋西域三藏法師畺良耶舍 翻譯

佛說觀無量壽佛經白話解釋序

佛法普遍於法界．佛性普具於有情．衆生皆可成佛．諸佛皆有淨土。一切大乘佛法．都是嚴淨佛土之行。故淨土法門廣大深圓．統攝諸宗．普被羣機．在佛法中居極高之地位也。十方諸佛雖有無量無邊的淨土．然而釋迦世尊乃偏讚西方極樂淨土．蓋彌陀總集十方淨土之殊勝．而成爲極樂淨土也。彌陀淨土法門．遍見於大乘方等諸經論中。而專說者．向爲三經一論．卽無量壽經．觀無量壽佛經．阿彌陀經．與天親菩薩之往生論也。近代印光大師．復於三經之後．加楞嚴經的大勢至菩薩念佛圓通章．與華嚴經的普賢菩薩行願品．爲淨土五經。助顯淨教．暢佛本懷。惟舊譯經典．文詞簡古．加以佛理幽深．名相衆多．非廣大羣衆所能領會。黃涵之居士．久發大心．願力宏深。曾著初機淨業指南．及阿彌陀經白話解釋．心經白話解釋．朝暮課誦白話解釋等。三十年來．發行數十萬册．接引初機．收效甚溥。其於佛法理性之見地．與名相之解釋．透澈圓融．正確扼要．早得印光諦閑諸大師之印可。近雖年逾古稀．復應淨業同人之勸請．發願完成淨土五經之白話解釋。頃得閱觀無量壽佛經白話解釋全稿．淺顯明白．每段先解單字和名詞．次釋義理。新穎扼要．妙義叢生。而且解中又加解．釋中亦加解。如教蒙童語．惟恐學者不能盡知．悲心切切．詳盡無遺。文化程度不甚高的初學人．得此可以無師自通。淨土法門的修持．即持名念佛與觀想念佛。本經以觀想爲主．故俗稱十六觀經。佛因韋提希遭惡子之難．愁憂憔悴．至心懇禱．教觀淸淨業處．亦令未來世一切凡夫．欲修淨業者．得生西方極樂國土．說淨業三福爲往生的正因。又以異方便說十六妙觀．使其觀想成就．親見極樂世界依正莊嚴．蒙佛授記．淨除無量劫業障生死之罪．臨終決定往生。又說九品往生之因．使行者期修上品．有所依據．心安理得。若行者分別心強．僅持名而不得一心者．應依本經如理作意．假觀想力．當能速得成就淨業。竊以爲一般所謂淨土法門．係仗他力者．乃就下品往往說耳。若欲上品上生．猶應以自力爲重。試觀本經的發三種心．修三種福．及各種觀想成就．乃至阿彌陀經亦說不可以少福德善根．得生彼國．皆須身心精勤之自力也。

一九五三年夏至日普陀山塵空謹序於上海

觀無量壽佛經編成白話的原因

我從前把阿彌陀經用白話來詳細解釋後．排印出版．初學佛法的居士．都說容易懂得。後來我又把各處寺廟同了法會裏頭．做早課夜課所用的朝暮課誦．也完全用白話來解釋了。並且因爲朝暮課誦裏頭．有許多不是常常看見的名詞．同了很深的道理．很不容易懂的．另外也用白話來把一個一個名詞．一種一種道理．詳細解釋了．另外印成一本叫做佛法大意。看朝暮課誦的居士．先把佛法大意看明白了．再看朝暮課誦白話解釋．就更加容易明白了．現在已經出版了。我在把朝暮課誦解釋圓滿後．我又把在家修行的人．最喜歡念誦的觀世音菩薩的心經．同了普門品．也都用白話解釋完了。正在想請大法師修正鑒定的時候．有許多居士常常向我說道．你既然是上印下光大師的皈依弟子．大師一生專門勸化信佛的人．一心修淨土．你爲什麼不把　大師所選定的淨土五經．都用白話來解釋一遍．使得初學修淨土的居士．都可以明白五種淨土經的道理。不是修起來更加容易往生西方麼。我聽了這種話．覺得做弟子的．應該要遵從老師的願心．幫助修行居士們．趕快往生淨土。所以我就先把淨土五經裏頭的普賢行願品．同了大勢至菩薩的念佛圓通章．都把白話來照阿彌陀經白話解釋的格式解釋完了。現在已經請大法師在修正鑒定．不長久也可以出版了。現在我又把這部觀無量壽佛經．先用白話來解釋了。末後就可以解釋無量壽經了。　先師所定的淨土五經．總算解釋圓滿了。但是我從前用白話來解釋阿彌陀經．同了朝暮誦的時候．有一位顧顯微居士．也是皈依　印大師的．我有不明白的名詞．或是深奧的道理．都是顧居士幫我解釋的。現在顧居士已經生西多年了．我所解釋的經文．恐怕錯誤的地方很多。所以我再三懇求　塵空大法師．費了好多的精神．許久的時間．詳細修改過了．我纔出版印行的。還有已經解釋的觀世音菩薩普門品．同了心經．等到請大法師修改完全．就可以陸續付印了。我還有不能夠不向各位說明白的．這部觀無量壽佛經裏頭．生的名詞．同了講理性的地方很多的。我學佛功夫太淺．不能夠解釋得明白清楚．很覺得慚愧的。不過要修觀想法門．能夠明白深的道理．自然是最好。倘然不能够明白透澈．也不要緊的．儘管照了經裏頭所說的法門修上去。功夫深了．自然會明白的。還有一句話．要告訴各位居士的．凡是看我所編的各種白話解釋．所有意義很深的．或是很煩的名詞．凡是前邊已經解釋過了．如果後邊又有．就不再解釋了．免得重複。所以各位居士看到名詞的解釋．要特別注意．免得後邊再有時．有還是解釋不出的苦。

觀無量壽佛經白話解釋

塵空法師鑒定　黃智海註解

佛說觀無量壽佛經。

【解】佛的一字．是簡單說法。完全說起來．是佛陀兩個字。這裏佛說的佛字．就是釋迦牟尼佛。無量壽佛．就是阿彌陀佛。佛、同了釋迦牟尼、阿彌陀、都是梵語。【梵語．是印度國的話．】翻譯中國文．佛是一個覺字．就是覺悟的意思。釋迦、是能仁兩字．就是能夠大慈大悲．救度一切衆生的意思。牟尼、是寂默兩個字．寂是寂靜不動的意思．默、是同了本性相合的意思。阿彌陀、是無量兩字．無、是沒有的意思．量、是限量的意思。因爲這一尊佛身上的光明．同了他的壽命．都是沒有限量的．所以稱無量壽佛。

【釋】凡是佛經．都是釋迦牟尼佛親口說的。所以各種經名上邊．都加上佛說兩個字的。釋迦牟尼佛、是中印度迦毗羅國淨飯王的太子。十九歲出家．三十歲成佛．後到各處去講演佛法．勸度衆生．有四十九年的長久。這一部觀無量壽佛經．也是釋迦牟尼佛所說各種佛經裏頭的一種。阿彌陀佛、本來也是一位國王。在阿彌陀佛做國王的時候．有一尊佛出世名號是世自在王佛．到各處去講說佛法。阿彌陀佛聽了．覺得學佛法有種種的利益。在世界上做人．雖然做到國王．還是免不了種種的苦惱。【種種的苦惱．到後邊會詳細講明白的。】所以就拋棄了王位．跟了世自在王佛出家修行。法名叫法藏比丘。【法藏的藏字．是收藏積聚的意思．就是諸佛從無量劫來．所藏積的一切功德。劫字、是記年代的一個極大的數目．到下邊會解釋清楚的。】在世自在王佛面前．發過四十八個大願。【在無量壽經裏頭．說得很清楚的。】有幾個大願．是說如果我成了佛．要現出一個很清淨、很莊嚴、沒有種種苦、只有種種樂、的世界來。若是有十方衆生．念我的名號．那怕極少只念十口氣．也都能够生到我的國土裏來。若是念我名號的衆生．不能够滿足我的願心．我就不願成佛。現在各種佛經裏頭．所說的西方極樂世界．【阿彌陀經上有兩句經．說得很明白的．一句是從是西方過十萬億佛土．所以叫西方．一句是有世界名曰極樂．所以名叫極樂世界。】就是阿彌陀佛經過了許多劫的長時期．修福修慧．

【慧、是明白眞實道理的智慧。】修成功的。現在阿彌陀佛已經成佛了．所以阿彌陀佛的大願．當然沒有不應驗的了。【這一部經．是專門說阿彌陀佛西方極樂世界種種景象的．所以講到阿彌陀佛的事情．就說得格外詳細些】這個觀字．不是用肉眼來看的意思．是用心裏頭的光來看的．要把心定住了．眼閉緊了．一面想一面看。所以這個觀字．要把他做觀照的意思解釋的。【在心經白話解釋觀自在菩薩一句底下．解釋一個觀字很詳細的．可以請一本來看看。】經字、本來可以解釋做法則．也可以解釋做究竟不變的意思。因爲尊重佛金口所說的佛法．所以稱做經。這一部經．是專門說觀照西方極樂世界種種勝境的法門的。【勝境的勝字．是特別的好．不是尋常的好。境字．就是境界．是西方極樂世界的境界。】但是無量壽佛．是西方極樂世界的教主．要觀照西方極樂世界的勝境．怎麼可以不觀照西方極樂世界的教主呢。觀照到了西方極樂世界的教主．那就西方極樂世界的勝境．也一定可以觀照到的了。所以這部經．就叫觀無量壽佛經。

劉宋西域三藏法師畺良耶舍譯。

【解】宋有二個．這個宋．是姓劉的做皇帝的．所以叫劉宋。還有一個．是姓趙的做皇帝的．就叫趙宋。西域、是現在的印度國．域、就是地土．西域、就是西方的地土。因爲印度國在中國的西邊．所以印度國稱做西域。三藏、是經藏、律藏、論藏。【下邊釋裏頭．就會解釋淸楚的。】法師、是精通佛法的比丘．【比丘、是受二百五十條戒的男出家人俗人稱他們和尙。】能夠把佛法來勸化人的。在劉宋的時候．有一位印度國的大法師名字叫畺良耶舍．把這部梵文的觀無量壽佛經．翻譯成中國文的。譯字、就是翻譯的意思。【把梵文改成中國文．叫翻譯。】

【釋】我們中國．在晉朝的末了幾年．世界很亂．把一個中國．分了好幾國。大家所說的南北朝．就是那個時候。劉宋、是一個國的名號．因爲他們的皇帝姓劉．名裕．所以叫劉宋。但是他在晉朝末後．中國大亂的時候．他把一個中國佔住了一個地方．自己做了皇帝．

沒有統一全中國的．所以只能夠稱國．不能夠稱朝代。還有一個宋．是朝代的名號．因爲在五代末後也是中國大亂的時候．一個姓趙名匡胤的．把五代都打平了．中國也統一了．他自己做了皇帝．就可以稱做宋朝了。又因爲皇帝姓趙．同了劉宋要有分別．所以就稱趙宋。三藏的三字．是說經律論三種。藏字、是包括在裏頭的意思．因爲經律論三種．都包藏着許多佛法的道理在裏頭的．所以稱三藏。經藏、是所有釋迦牟尼佛．或是別尊佛．說的各種經．都包括在經藏裏頭的。律藏、是所有佛法裏頭．應該守的種種戒法．都包括在律藏裏頭的。【戒字、是禁戒的意思．不但是惡的事情．要禁止一些些不做．就是惡的念頭．也要禁止一些些不轉。】論藏、是歷代的高明大法師．稱讚講論種種佛法的道理．都包括在論藏裏頭的。因爲這位大法師．精通這三藏的道理的．所以稱他三藏法師。畺良耶舍、【譯做時稱】是法師的名字。釋迦牟尼、是印度迦毗羅衞國的太子．所以釋迦牟尼佛所說的經．都是印度文。【就是梵文．也可以稱梵語。】但是要把佛經來教化我們中國人．一定要把梵文的佛經．翻譯成了中國文．纔能夠使得我們中國人．都可以懂．

都可以學。不過翻譯的人．又一定要精通佛法種種道理的大法師．纔能夠翻譯出來．沒有錯誤。所以劉宋的太祖文皇帝．就請他最恭敬佩服的這位畺良耶舍大法師．翻譯這部觀無量壽佛經。

一　序分

凡是佛經．都是把全部經文．分做三分。【三分的分字．要在右角上邊加一圈．讀做份字音．就是一份一份的意思。】第一是序分。第二是正宗分。第三是流通分。序分的序字．是次序同起教因緣的意思。序分又有通序別序兩種的分別。通序、像各部經的開頭．都是如是我聞．一時佛在什麼地方．同了那些大衆人在一處．因爲各種經都有這樣幾句的．所以叫通序。別序、是佛所說的各種經．都有各種不同的原因的。像說楞嚴經．是因爲阿難碰到摩登伽的引誘．纔說的．所以叫別序。但是雖然有通序別序的分別．總名還是都叫序分。從如是我聞一句起．一直到教我觀於淸淨業處．都是序分。

如是我聞。一時佛在王舍城．耆闍崛山中。

【解】如是、是這個樣子的意思。我字、是編集這部觀無量壽佛經的阿難．稱他自己。【編字、是整理的意思．集字、是聚集的意思佛說各種經的時候．阿難都在旁邊一面聽．一面記的。整理、就是整理他所記佛說的話．聚集、就是把他所記佛說的話．聚集攏來．成功了一部佛經。】聞字、是聽到的意思．就是親自聽到佛說的。一時、是有一個時候的意思。佛、就是釋迦牟尼佛。【下邊說到釋迦牟尼佛．就單稱一個佛字了。】王舍城、在印度的摩伽陀國。王舍城的四周圍．有五座大山圍住著的。五座大山裏頭．第一座山．就是耆闍崛山。耆闍崛、是梵語．翻譯中國文．叫靈鷲山。因為山頂的形狀像鷲鳥的頭．所以也叫鷲頭山。

【釋】凡是佛所說的經．都是佛的堂弟、也是佛的弟子、名叫阿難的編集起來的。這如是我聞四個字．是阿難在編經的前．先問佛將來編起經來．開頭用幾個什麼字。佛說開頭要加如是我聞四個字．可以顯明白是你阿難親自聽到我說的．所以要加這四個字。意思是要使得後來的人．知道的確是編這部經的阿難自己親聽到的．不是旁人聽了告訴阿難的。並且的確是聽到佛自己的金口說的．也不是聽到旁人說的。這樣證明白了．後來誦經聽經的人．就自然會生出信心來了。所以不論什麼經．凡是釋迦牟尼佛所說的經．開頭都有如是我聞四個字的。這四個字．把他倒轉來解釋．更加容易明白．就是說我阿難親聽到佛這樣說的。是字、是這樣的意思．就是指下邊經文裏頭．從爾時王舍大城起．一直到末後名第十六觀一句．都是佛說的．都包括在如是兩個字裏頭的．都是阿難親聽到的。佛說法的時候．因爲各國的時候．同了各國記時候的方法．都不相同的。所以只能夠說有這麼一個時候．不能夠說定某年某月某日了。佛說法的地方．是在中印度摩伽陀國的王舍城。【印度地方很大．所以分做五印度．就是東印度、南印度、西印度、北印度、中印度。王舍城、是摩伽陀國一座城的名目。】在王舍城的東北一座最高最大的耆闍崛山裏頭。

與大比丘衆千二百五十人俱。菩薩三萬二千。文殊師利法王子而爲上首。

【解】與字、是同了的意思。就是佛同了比丘衆。比丘、是梵語．翻譯中國文．是乞士兩個字。乞、就是向人要、向人討、的意思。還有上向佛乞佛法．下向世俗人乞食品．的意思在裏頭．所以叫乞士。出家人要受了二百五十條具足戒．【具足戒、是完全的戒法。】纔可以稱比丘。衆字、是許多的意思。因爲和合在一處的比丘．有一千二百五十人的多．所以稱衆。比丘上加一個大字．是年歲大、道德高、的比丘。俱字、是聚在一處的意思。菩薩、是梵語．完全說起來．是菩提薩埵。菩提兩個字．是覺悟不迷的意思。又有使得旁人覺悟的意思。薩埵、是衆生的意思。就是能夠把佛法來勸化衆生．使得衆生都能夠明白眞實的道理。文殊師利、是梵語．翻譯中國文．文殊、是妙的意思。【妙、就是好．還有些稀奇的意思在裏頭。】師利、是德同吉祥兩種的意思。文殊菩薩、同了普賢菩薩．常常在釋迦牟尼佛左右兩邊的這一尊菩薩的智慧最高。手持利劍．【持字、是拿的意思。利字、是鋒利的意思。】所以表顯他有驅邪的智慧。身乘獅子．【乘字、是騎的意思。】所以表顯他有降魔的威猛。【猛字、是厲害的意思。】法王子三個字．是因爲佛稱法王．菩薩是佛教化成功的．又是幫助佛教化衆生的．差不多像佛的兒子一樣．所以菩薩都可以稱法王子的。但是佛經裏頭稱菩薩做法王子的．獨有文殊師利菩薩。別尊菩薩．都不稱法王子．是什麼緣故呢．這是因爲文殊師利菩薩．在一切菩薩裏頭．智慧和德行最高。又是侍立在佛左邊的第一位上．那是在佛面前位子最高的一尊菩薩．所以稱他法王子。上首、是在衆菩薩裏頭推出來的一位領袖。

【釋】佛同了年歲大、道德高的、許多大比丘一千二百五十八人．都在一處。還有菩薩三萬二千人。凡是佛在法會裏頭說法的時候．從菩薩起．一直到天龍八部．【一天衆、是各層天上的人．二龍衆、龍是水族裏頭各種畜生的王．三夜叉、能够在虛空裏頭飛行的鬼神．四乾闥婆、是帝釋部下作世俗上那種樂的神．五阿修羅、是六道衆生裏頭的一種．也是各種鬼神裏頭的一種．他們在世界上的時候．也曉得修福的．但是他們的妒忌同了發火的心．都是很厲害的．所以落在阿修羅道裏頭去了．他們還能夠同了帝釋戰鬥哩．六迦樓羅、就是金翅鳥．兩翅膀張開來．相離有三百三十六萬里路的長哩．他們專門喜歡吃龍的．七緊那羅、他們的形相．雖然像人．但是頭上有角的．也是帝釋的樂神．這種樂神．是作法樂的．因爲他們所作樂的聲音裏頭．都有佛法的意義在裏頭的．所以叫法樂．八摩睺羅迦、就是大蟒神．也叫地龍．這八部的衆生．人的眼都看不到的．所以又叫冥衆八部。〔冥字、是鬼的世界。〕凡是來聽法的衆生．多得不可以用數目來計算的。每一類聽法的人．各有一位做上首的。這一次佛說觀無量壽佛經的法會．來聽法的菩薩．格外的多。一定要推一位智慧最高．威神力最大的菩薩．做領袖．纔算合法。文殊師利菩薩．最合這個資格。所以大衆的菩薩．就推文殊師利菩薩．做了三萬二千菩薩的上首。

爾時王舍大城．有一太子．名阿闍世。隨順調達惡友之教．收執父王

頻婆娑羅。

【解】爾時、是在那個時候。隨字、是跟隨的意思。順字、是依順的意思。執字、是拿住的意思。

【釋】佛同了許多大比丘．許多菩薩．都在耆闍崛山裏頭的時候。在王舍大城裏頭．有一位太子．名字叫阿闍世。【阿闍世、是梵語．翻譯中國文．是未生怨三個字．因爲他沒有生下地的時候．有一個相面的人．說他出世後．要害死他父親的．所以題他的名字．叫未生怨．就是說他沒有生下地的前．已經同他的父親．結了怨的意思。】他有一個惡心的朋友．名字叫調達．也叫提婆達多。【他的弟．就是阿難．他也是佛的堂弟。】阿闍世依順了惡友調達．教他的惡主意．把他的父王頻婆娑羅．收起來捉住了。【頻婆娑羅、是摩竭陀國的王．又是阿闍世的父．所以稱父王。】

幽閉置於七重室內。制諸羣臣．一不得往。

【解】幽字、是暗的意思。閉字、是關的意思。置字、是放在那裏的意思。重字、要在左角下邊加一圈讀做從字音．是一重一重一層一層的意思。制字、是制住禁止的意思。羣字、是許多的意思。羣臣、是不論官職大的．官職小的．都在裏頭了。

【釋】阿闍世把他的父王頻婆娑羅王關住在很黑暗的七重深的房屋裏頭。禁止許多大大小小的臣子．一個都不許到關禁頻婆娑羅王的房屋裏頭去。

國太夫人．名韋提希．恭敬大王。澡浴清淨．以酥蜜和麨．用塗其身。諸瓔珞中．盛蒲萄漿．密以上王。

【解】國太夫人、是頻婆娑羅王的王后．名字叫韋提希。澡字、讀做照字音．是洗的意思。酥、讀做蘇字音．是用牛或是羊的乳．【乳、就是奶。】做成功的乳酪。和字、是拿兩種東西．攙在一起的意思。麨字、讀做超字音．是把蒸熟的麥．磨成粉屑。瓔珞、是用珠同了玉．穿成了像練條那樣的裝飾品．掛在頸項上的。盛字、是裝在裏頭的意思。蒲萄、就是葡萄。漿、同了汁一樣的。密字、是秘密的意思。上字、是獻上去的意思。

【釋】韋提希、是國王的王后．所以稱國太夫人．也就是阿闍世的母親。這位夫人．很賢的．很恭敬頻婆娑羅國王的。因爲要把吃的東西．塗在身上．所以先洗浴她的身體．使得身體淸淨．纔可以把吃的東西塗上去。他又把酥同了蜜．調和在麨裏頭．做成一種很好的食品。但是這個太子阿闍世的心．是極狠毒的．他把他的父王收禁起來．又不許手下的臣子去看國王．那是他一定要餓死他父王的意思．那裏肯讓國太夫人拿食物去給他的父王呢。國太夫人沒有辦法．只好把做成的食品塗在身上．纔可以帶到關禁的國王那裏去。又在他頸項上所掛的許多瓔珞的寶珠裏頭．都裝了葡萄的汁．偷偷地獻上去給國王吃。

爾時大王．食麨飲漿．求水漱口。漱口畢已．合掌恭敬。向耆闍崛山．遙禮世尊．而作是言。

【解】吃乾的東西叫食。吃濕的東西、叫飲。漱字、讀做瘦字音．俗話叫盪口．就是用水來洗口。合掌、是把十個手指伸直了．左右兩手合攏來。遙字、就是遠。禮字、就是禮拜。世尊、是世界上大家尊重的意思。是佛十種德號裏頭的一種。【十種德號、在暮時課誦白話解釋裏頭有詳細註解的。】就是指釋迦牟尼佛。作字、是說的意思。言、是指下邊的四句話。

【釋】韋提希拿乳蜜和麥粉．同了葡萄的漿汁．送給國王。國王吃完了．要一些清水來漱口。漱口完畢後．國王就把左右兩手掌合攏了．很恭敬的向耆闍崛山遠遠的禮拜釋迦牟尼佛。口裏頭還說下邊的四句話。

大目犍連．是吾親友。願興慈悲．授我八戒。

【解】大目犍連、就是目連。興字、就是發的意思。教旁人學習一種法門、叫授。八戒．第一、不殺生。第二、不與取。第三、非梵行。第四、虛誑語。第五、飲諸酒。第六、塗飾香鬘．歌舞觀聽。第

七、眠坐高廣嚴麗床座。第八、食非時食。【這八種戒、在下邊釋裏頭．就會解釋清楚的。】

【釋】目犍連神通最大．在釋迦牟尼佛許多弟子裏頭．推他神通第一。並且他出家的年數也很長久了。所以稱他大目犍連。目犍連同了國王．照俗家講．是親戚．可以稱親．但是目犍連已經證了大阿羅漢的．【大阿羅漢．可以查看阿彌陀經白話解釋．皆是大阿羅漢一句底下．有詳細解釋的。】國王還是俗家人．照佛法講．是師父同了弟子．只能夠稱友。所以國王說大目犍連是我親友。國王很願意大目犍連大發慈悲心．【把樂來給他人、叫慈。拔旁人的苦、叫悲。】教我八種戒法。這八種戒．第一、戒殺生．就是五戒裏頭的第一戒殺。第二、戒不與取．【與字、是給的意思。】是沒有給他的東西他就拿了．就是犯五戒裏頭的第二戒盜。【盜、不一定是搶．就是偷、也叫做盜．沒有給他．他就自己拿了．那就同了偷差不多了．所以也可以算是盜的。】第三、戒非梵行．【非、就是不．是．梵字、本來是淸淨的意思．梵行、是淸淨的行動．非梵行、就是不照佛法裏頭淸淨的行動．那恐怕是很嚴的戒了．只要有一些不淸淨．就要算是淫．犯淫戒了。】就是五戒裏頭的第三戒淫。

【五戒裏頭的淫．有正淫邪淫的分別．正淫、是指自己夫婦的淫．邪淫、是指夫婦以外的淫．這八戒裏頭的淫．不論是夫婦、不是夫婦．都是淫．沒有正淫邪淫的分別。】第四、戒虛誑語．虛字、是不實在的意思．誑字、是說假話騙人的意思．就是五戒裏頭的第四戒妄語。【妄字、就是虛假的意思。】第五、戒飲諸酒．諸酒、是隨便什麼酒．都不可以喝．喝了就算犯戒的．這就是五戒裏頭的第五戒酒。第六、戒塗飾香鬘．歌舞觀聽．塗字、是把香的東西．塗在面上．或是身上．不論塗的是水．是粉．或是穿著用香來薰過的衣服．都是犯戒的．飾、是種種的裝飾．鬘、是一種裝飾品．用很貴重的華．編結成功像帽子那樣的東西．裝飾在頭髮上的．歌、是唱歌．舞、是跳舞．或是看舞．或是聽歌．都是犯第六戒的。【從這個六戒．連同下邊的第七第八兩戒．都是五戒裏頭沒有的．加出了這三戒來．所以成了八戒。】第七、戒眠坐高廣嚴麗牀座．眠、就是睡．廣、就是大．嚴、是莊嚴．雖然裝飾得很好看．但是沒有一些些輕佻的樣子．麗、是美麗．就是好看的意思．座、是坐的大椅．凡是睡了這種高廣嚴麗的牀．或是坐了這種高廣嚴麗的大椅．就是犯了這第七戒了。第八、戒食非時食．佛法裏頭有過了午時不吃東西的一種戒．叫過午不食．非時食、是不應該食的時候食．就是過午食．過午食、是犯第八戒的。

時目犍連．如鷹隼飛．疾至王所。日日如是．授王八戒。

【解】時、就是在那個時候。鷹隼、是一種最凶猛、最會飛的鳥．兩張翅膀張開來．有二尺五寸長．嘴是完全曲的．背上的羽毛．是灰黑色的．肚下是白的。隼【音筍．】是鷹一類裏頭最小的一種鳥。疾字、是又急又快的意思。所字、是地方的意思。

【釋】在國王向耆闍崛山求佛派目犍連去授他八戒的時候。目犍連聽到了．趕緊像鷹同了隼那樣快的飛．立刻趕到國王所住的地方去。鷹隼飛起來的快．是各種鳥都趕不上的．所以用鷹隼的飛．來比目犍連的快。目犍連是有神足通的。【有一句話叫五通仙人．六通羅漢．六通、是天眼通、天耳通、他心通、宿命通、神足通、漏盡通。要明白怎麼樣叫六通．在阿彌陀佛經白話解釋．供養他方十萬億佛一句底下．有詳細解釋的。】神足通、是只消一動念頭的時候．十方無窮無盡的世界．就可以一齊都趕到。並且一些不吃力．不煩難．高山大海．也不能夠阻隔他的．目犍連就得到這種圓滿的神足通。所以佛常常說．我的許多弟子裏頭．得到神足通．能夠飛到十方國土的．要算目犍連是第一個了．沒有能夠勝過他的了。目犍連天天這個樣子．從耆闍崛山．飛到阿闍世把國王關禁的地方．把八種戒法．教授國王。每天教完了．就飛回耆闍崛山。到明日再飛去教。

世尊亦遣尊者富樓那．爲王說法。如是時間．經三七日。

【解】亦字、是也字的意思。遣字、是差他去的意思。讀做欠字音。尊者、是年歲大、道德高、大家尊重他的名稱。富樓那、是佛的弟子．出家沒有多少時候．就證了阿羅漢果的。【他的名字、完全說起來．是富樓那彌多羅尼子．富樓那三個字．翻譯中國文．是一個滿字．彌多羅尼．翻譯中國文．是一個慈字．是他母親的姓。】爲字、要在右角上邊加一圈．讀做位字音。意思是爲了王說的法．也就是說給王聽的意思。

【釋】目犍連因爲同了國王有親友的關係．所以一聽到王請他教授八戒的話．就像鷹隼那樣快的飛去了。這是目犍連自己去的．不是佛差他去的。佛是專門把佛法來教化人的．聽到了有人要修學戒法．一定要派弟子去教他的。並且還一定要差一位說法說得最好的弟子去教的。所以在十個大弟子裏頭．派說法第一的富樓那去．教王八種戒法。在法華經五百弟子授記品裏頭說．富樓那過了無量阿僧祇劫．【劫字．在下邊劫初以來一句底下．有詳細解釋的。】就要在我們這個娑婆世界上成佛的．【娑婆世界．在下邊不樂閻浮提一句底下．有詳細解釋的。】佛號法明如來．可見得佛差他去．是看得很重很重的了。富樓那像這樣的教授八戒．經過的時間．是三個七日．共二十一日。

王食麨蜜．得聞法故．顏色和悅。時阿闍世．問守門者．父王今者．猶存在邪。

【解】故字、是原因的意思。悅字、是快樂的意思。猶字、是尚還的意思。存在、是沒有死的意思。邪字、讀做耶字音．意思同耶字一樣的．用一個耶字．是有疑惑的意思在裏頭。

【釋】王吃到了麨蜜做的食品．又聽到了富樓那的說戒法。肚裏頭有食品吃下去．就可以不餓了。耳裏頭又有法味聽通去．【法味、是佛法的味。】所以面上就顯出和順快樂的顏色來了。正在那個時候．阿闍世忽然走到關禁國王的地方來．問那個守門的人說．父王現在還活着在那裏麼。

時守門人白言。大王國太夫人．身塗麨蜜．瓔珞盛漿．持用上王。

【解】白字、是說的意思。【這個白字、是在下的人．向在上的人說話、纔用的。】持字、是拿的意思。

【釋】那個守門的人．聽到了阿闍世問他的話．先稱了阿闍世一聲大王．就接下去說道。國太夫人身上塗了麨蜜。瓔珞裏頭裝了葡萄漿。拿來獻上去請王吃的。

沙門目連．及富樓那．從空而來．爲王說法。不可禁制。

【解】沙門、就是出家人。及字、是同了的意思。制字、是管住壓住的意思。

【釋】沙門、是梵語、翻譯中國文、是一個息字、有停止同了安靜兩種的意思、就是停止惡念、安靜煩惱。目犍連同了富樓那、都是出家人、所以稱他們沙門。他們兩位、都是已經證到大阿羅漢果的、都有神足通的、所以都是從空中來的。他們來了、就為王講說佛法。國太夫人、是我們的主人、我們怎麼能夠禁止他、不許他來見國王呢。目犍連同了富樓那、又都是從空中飛來的、我們沒有方法、能夠禁止他們、制住他們。

時阿闍世、聞此語已、怒其母曰。我母是賊、與賊為伴。沙門惡人、幻惑咒術、令此惡王、多日不死。

【解】此語、是這種話的意思。就是上邊守門人所說的八句話。已字、是完畢了的意思。怒、是發火。伴、是同伴。幻字、是像變戲法那樣的一種法術。惑、是迷惑人心的意思。念了咒、就會生出種種變化的法術來的、所以叫咒術。令字、是讓他放他的意思。

【釋】阿闍世聽完了守門人所說的從大王起一直到不可禁制的八句話。就大發起火來．罵他的母親國太夫人道。【下邊的六句．就是阿闍世罵國太夫人的話。】我的母親是賊．【賊字、是罵人的話．並不一定是說偷東西的人。】同了賊做伴侶。【伴侶、就是同伴的意思。】還有出家的惡人．用那種變戲法的方法．迷惑人的咒術．使得這個惡王．關禁許多日子．還是沒有死。阿闍世把國王關禁在七重深的房屋裏頭．一個人都不許進去．原是爲了要斷絕國王的食品．使得國王餓死了。他可以把國王的位子、奪到了．自己做國王。現在聽到守門人說國太夫人拿食品供給國王．使得國王還沒有餓死．他就奪不到王位了。所以就大發起火來．竟然開口罵他生身的母親是賊。

卽執利劍．欲害其母。時有一臣．名曰月光。聰明多智．及與耆婆．爲王作禮．白言。

【解】執字、是捏的意思。利字、是鋒利的意思。耆婆、也是國王的兒子．是阿闍世的弟。他的母親．名叫奈女。耆婆、是在王舍城做醫生的。作禮、就是行禮。這裏所說的王．就是阿闍世。

【釋】阿闍世聽到守門人說．他的母親．送進食品來救王的話。他就拿了很鋒利的劍．要想害死他的母親。在那個時候．有一個臣子．名字叫月光的．這個人很聰明。【是世俗上所說的聰明。】又很有智慧的。【是出世法所說的智慧。】他同了阿闍世的弟．名叫耆婆的．向阿闍世行禮。並且說許多勸阿闍世的話．就是下邊從大王起．一直到我等不宜復住於此的十句話。

大王．臣聞毗陀論經說。劫初以來．有諸惡王．貪國位故．殺害其父一萬八千。未曾聞有無道害母。

【解】臣字、是月光自己稱自己。毗陀、是婆羅門一種經書的名稱。【婆羅門、是梵語．翻譯中國文．是淨行兩個字。婆羅門人、是印度四大族裏頭的一族．這一族的人．都是又清高、又華貴的．他們專門修淸淨的．所以稱他們淨行。】毗、陀、是梵語．翻譯中國文．是明智兩個字。明、是明白事理。智、是發生智慧。毗陀論經．是一部講修淨行的書。劫初、是這個世界剛剛成功的時候。曾字、要在左角下邊加一圈．讀做成字音。未曾、是沒有過的意思。

【釋】月光先叫阿闍世一聲大王．就接下去說道。我聽到過毗陀論經上說．從這個世界起初成立．一直到現在．有許多惡性的國王．因爲貪圖奪到王位的緣故．殺害他們的父王．竟然有一萬八千人的多。從來沒有聽到過不講道理的國王．竟然會殺害母親的。

王今爲此殺逆之事．汙刹利種．臣不忍聞．是旃陀羅．我等不宜復住於此。

【解】爲字、是做的意思。逆字、有叛逆忤逆兩種意思。汙字、是被不潔淨的東西染齷齪的意思。刹利、是梵語．翻譯中國文．是王種．也可以說是田主。是印度四大姓裏頭的第二姓。【大姓、就是貴族的姓。】不忍、是心腸硬不起的意思。旃陀羅、是梵語．翻譯中國文．是嚴幟兩個字。【幟、是小旗．旃陀羅、是賤種．四大姓的人．都不肯同他們往來的．他們出門到街上去．一定要拿一面小旗在手裏頭．或是插在衣領上．做他們是賤種的記號．他們在路上碰到了大姓的人來．就要讓到路旁邊去的．因爲用小旗做他們特別的記號．所以叫嚴幟。】復字、要在右角上邊加一圈．讀做負字音．就是再字的意思。

【釋】王現在做了殺害母親的忤逆事情．是把清白高貴的剎利王種．都染汚穢了。大家都要罵王是旃陀羅．不是剎利王種了。我們沒有那樣的狠辣心腸．來聽旁人的罵王如果不聽我們的勸諫．【下級的人．勸請上級．都叫做諫。】我們只好離去本國．不相宜再住這裏了。

時二大臣．說此語竟。以手按劍．卻行而退。

【解】竟字、是完了的意思。按字、是把手壓在上邊的意思。卻字、是倒退的意思。

【釋】二大臣、就是月光同了耆婆兩人。他們向阿闍世說的話說完了．就用手來壓在阿闍世所拿的劍上邊。倒走下來．就退去了。

時阿闍世．驚怖惶懼。告耆婆言．汝不爲我邪。

【解】驚怖、是嚇的意思。惶懼、是怕的意思。這個爲字、也要在右角上邊加一圈．讀做位字音。爲我、就是幫助我的意思。邪字、同了耶字一樣的聲音．一樣的意思。

【釋】阿闍世看見月光同了耆婆那樣的舉動．就露出驚嚇懼怕的形狀來。告訴耆婆說．你怎麼不幫助我呢。因爲耆婆是阿闍世的弟．阿闍世這一句話．有要耆婆幫助他的意思在裏頭。

耆婆白言大王．愼莫害母。王聞此語．懺悔求救。卽便捨劍．止不害母。勅語內官．閉置深宮．不令復出。

【解】愼字、是謹愼小心的意思。莫字、有不可同了不要兩種意思。捨字、是放掉的意思。

國王對臣子發布的命令．叫勅。【凡是上對下吩咐的話．都可以稱勅的。】勅語的語字、是同他說的意思。內官、是王宮裏頭侍候國王國太的官。閉字、是關禁的意思。置字、是安放的意思。宮字、凡是國王國太所住的房屋．都稱宮的。深宮、是在極裏邊的宮．不是近外間的宮。復字、同了前邊不宜復住的復一樣的。

【釋】耆婆聽到了阿闍世的話．就知道阿闍世要他幫助．所以就向阿闍世說道。大王須要謹慎．不可以殺害母親。阿闍世聽到耆婆這一句話．就懺悔自己的罪過。【懺字、是梵語．懺悔兩個字、同了中國文的悔字．差不多的．不過懺、是懺已經造的罪．悔、是悔以後不再造罪．懺悔兩個字、合併起來．是梵語華語雙用的意思。○華語、就是中國話。】並且求耆婆救他。他自己就把所拿的劍放掉了．停止用這把劍來做殺害母親的惡逆事情了。一面用命令去知照宮裏頭的侍奉官．把他的母親關禁在深宮裏頭．不讓他再出來了。在阿闍世的意思裏頭．是只要國王死．並不一定要殺死母親。他所以要殺母親．就是母親死了．就沒有人拿食品去供給國王．國王就可以餓死了。所以他看見月光同了耆婆不幫助他．就不敢殺害母親了。但是不殺害母親．恐怕母親又要把食品去供給國王．國王還是不會餓死。所以又把國太夫人關禁起來．那就國王終有一天會餓死了。

時韋提希被幽閉已．愁憂憔悴．遙向耆闍崛山．爲佛作禮．而作是言。

【解】被幽的被字、是給旁人把他幽閉的意思。幽字、是暗的意思。閉字、是關的意思。凡是關禁人的地方大半都不很明亮的．所以稱幽閉。愁字、是不快活、不放心的意思．同了憂字差不多的。憔悴、是面貌乾枯不滋潤的意思。

【釋】阿闍世發了把他母親關禁的命令後．他的母親韋提希．就被關禁在深宮裏頭了。沒有吃．沒有喝．心裏頭又很憂愁．所以面上就非常的乾枯。他想到國王那裏．沒有人可以送食品去．國王終不免要餓死．他又不能夠親自去見佛．實在沒有方法好想．所以只好遠遠的向耆闍崛山．對了佛行禮．說下邊的幾句話．求佛救他。

如來世尊。在昔之時．恆遣阿難．來慰問我．我今愁憂．世尊威重．無由

得見。願遣目連尊者阿難．與我相見。

【解】如來、是佛十種德號裏頭的一種。如字、是不變的意思。來字、是隨緣的意思。【隨緣、是說機緣怎樣．就跟隨了機緣．也是怎樣．沒有一些固執不圓通的見解．在朝暮課誦白話解釋卷下裏頭．有詳細註解的。】昔字、是從前的意思。恆字、是常常的意思。慰字、是安慰的意思。

【釋】韋提希先向佛稱一聲如來世尊．就接下去說道。從前時候．佛常常差阿難來向我安慰向我問好。我現在很愁悶很憂急．要想見見佛．又因爲佛威嚴很重．沒有緣由能夠見到。【緣由、同了原因一樣的意思。】我願意世尊差目連尊者．同了阿難．【阿難、是佛的堂弟．也是佛的弟子。】都到我這裏來．同了我見見面。國太夫人不敢請佛親自到他那裏去．所以請佛派目連同了阿難去。佛的弟子很多．國太夫人所以指定這二人．也有緣故的。因爲目連是教國王八戒的師父．所以請他。阿難又是佛的堂弟．可以請他代向佛前、求佛慈悲、親自把佛法來布施給他。【就是三種布施裏頭的法布施、下邊佛教他修三福、修十六觀、都是的。〇三福十六觀、下邊就會講明白的。】

作是語已、悲泣雨淚、遙向佛禮。未舉頭頃、爾時世尊、在耆闍崛山、知韋提希心之所念。

【解】但有眼淚、沒有哭的聲音、叫泣。雨淚、是淚水多到像雨那樣的意思。舉字、是抬起來的意思。頃字、是時間很短的意思。

【釋】韋提希說完了上邊的幾句話。悲慘得很的哭泣、淚水像雨那樣的多、這是韋提希希望佛哀憐他的表示。韋提希一邊哭泣、一邊遠遠的向佛行禮、這是顯明白至誠懇切的意思。在韋提希還沒有來得及抬起頭來的短時間、佛在耆闍崛山、已經知道韋提希心裏頭所想念的事情了、這是佛的他心通。【他心通、是六通裏頭的一通、就是不論什麼人心裏頭轉的念頭、沒有不曉得的意思。若是要曉得詳細的解釋、可以查看阿彌

陀經白話解釋裏頭供養他方十萬億佛一句底下、講得很淸楚的。】

卽敕大目犍連、及以阿難、從空而來。佛從耆闍崛山沒、於王宮出。

【解】目犍連名字上邊、加一個大字、是因爲目犍連年紀大、道德高的緣故。目連尊者一樣的意思。以字、本來是拿的意思。這裏只好說是帶的意思。沒字、是隱下去的意思。

【釋】佛知道韋提希盼望佛派大目犍連同了阿難、到他那裏去的念頭。所以立刻就派大目犍連、還帶了阿難、從空中飛到韋提希王宮裏頭去。【大目犍連有神足通的、可以飛行的、所以能夠帶了阿難一同飛到韋提希宮裏頭去。】佛自己從耆闍崛山、隱沒下去後、就在王舍城的王宮裏頭、顯現出來了。

時韋提希、禮已舉頭、見世尊釋迦牟尼佛、身紫金色、坐百寶蓮華。

【解】金有四種、一靑金、二黃金、三赤金、四紫金、也叫紫磨金、是金裏頭最好的一種金。

【釋】在韋提希向佛行禮已經完畢的時候、抬起頭來、見到佛的全身、都是紫金色的、坐在百寶蓮華裏頭。這種蓮華．都是百種寶貝合成的。【百寶、並不是恰巧一百種．不過形容寶貝的多罷了。】蓮華、是各種華裏頭最淸淨的．並且是很大很軟的所以佛往往喜歡坐在蓮華裏頭。雖然是百種寶貝合成的．但是這種寶貝也是很軟的。

目連侍左．阿難侍右釋梵護世諸天．在虛空中．普雨天華．持用供養。

【解】侍字、是伺候的意思。釋、是忉利天上天帝的名。完全說起來．是釋提桓因四個字．就是俗人所說的玉皇大帝。梵是梵天．就是從我們頭頂上這一層天．再上去的第九層的大梵天。護世、是保護世界的天王。普字、是周徧的意思。雨字、要在右角上邊加一圈讀做裕字音像雨那樣從天上落下來的．所以稱雨天華。天華、是天上的華。持字、是拿的意思。

【釋】佛坐在蓮華裏頭．目連伺候在左邊．阿難伺候在右邊。我們頭頂上的天．是第二層天．叫忉利天．在須彌山的頂上．是帝釋所管的天。在須彌山腰的四周圍．東南西北各有一層天．叫四天王天．有四位天王分管的．實在是第一層天。從四天王天上去六層天的人．都還有男女情慾的．所以叫欲界。再上去的三層天．已經只有男人沒有女人了．很清淨的．所以叫梵天。【梵字、就是清淨的意思。】這裏的一個梵字．就是指梵天說的。護世、就是四天王天的天王．因爲那些惡鬼惡神．都要吃四天王天上的衆生的．護世四天王．各各保護他們自己天上的衆生．不讓許多的惡鬼惡神來害衆生．所以叫護世。像這樣許多的天帝天王。【要詳細知道各天的情形．可以查看阿彌陀經白話解釋無量諸天大衆俱一句底下．講得很詳細的。】都在虛空裏頭．【虛空裏頭就是天空裏頭。】普徧的散天上各種寶貴的華下來．【說到釋梵護世諸天．又說普雨那是所有虛空裏頭．都有華散下來．沒有一處不散下來的了。】拿來用做供養佛的物品。

時韋提希．見佛世尊。自絕瓔珞．舉身投地。號泣向佛．白言。

【解】自絕兩個字．即自己把穿瓔珞的線扭斷的意思。號字、要在左邊下角加一圈．讀做豪字音．是大聲叫喊的意思。號泣、是一邊叫喊．一邊哭的意思。

【釋】在許多天帝天王散天華的時候．韋提希見到佛坐在蓮華裏頭。就把自己裝飾的瓔珞．扭斷了穿的線．把自己的身體伏在地上．向佛禮拜。這是韋提希被阿闍世關禁的日期長久了．受到種種的苦惱．一見到佛就不知不覺的又悲傷．又快樂．所以發出這樣的情景來。並且還向佛一邊叫喊．一邊放聲大哭．說出許多向佛請求的話。

世尊．我宿何罪．生此惡子。世尊．復有何等因緣．與提婆達多．共爲眷屬。

【解】宿、是宿世．就是前世。復字、同了前邊不令復出的復字一樣的。眷屬、是本家、或是親戚．或是一同修學的人．都可以稱的。

【釋】韋提希問佛道．我在前世造了什麼罪業．【說到一個宿字．那就不但是說前一世．就是前十世百世．都可以包括在裏頭了。】今世會生出這樣的惡兒子來。佛同了提婆達多、又有什麼因什麼緣．【因字、是原因的意思。緣字、是幫助成功的意思．一個人在這一世上做成了父子兄弟夫婦朋友．都是前生種過因結過緣的．種了好因．結了好緣．到了這一世．就大家很和好的．種了惡因．結了惡緣．到了這一世．就大家像冤家一樣的．你要害我．我要害你了。】會同了這樣的惡人．做成了眷屬呢。【因爲提婆達多．是佛的堂弟．所以稱做眷屬。】

惟願世尊．爲我廣說無憂惱處。我當往生．不樂閻浮提濁惡世也。

【解】爲字、要在右角上邊加一圈．讀做位字音。廣說、是詳詳細細的說。閻浮、是一種樹的名目。提、是梵語．翻譯中國文．是一個洲字。因爲閻浮樹．是樹林裏頭最大的樹．所以就把這個樹的名．做了洲的名。濁惡世的濁字．就是汚穢不清淨的意思。濁有五種．就是劫濁、見濁、煩惱濁、衆生濁、命濁。惡有十種．就是殺、盜、淫、妄言、兩舌、惡口、綺語、貪欲、瞋恚、邪見、【這五濁十惡．下邊釋裏頭．就要解釋清楚的。】

【釋】我現在只有願意．佛爲我詳詳細細說．沒有憂愁煩惱的地方。我要生到那裏去．

我不喜歡住在閻浮提。【閻浮提、就是我們現在所住的南贍洲．要曉得詳細情形．可以查看阿彌陀經白話解釋裏頭從是西方過十萬億佛土一句底下．有詳細解釋的。】因爲這個閻浮提是五濁十惡的世界。住在這個世界上．只有苦惱．沒有安樂的。五濁的第一濁是劫濁。劫、是梵語．完全說起來．是劫波兩個字．翻譯中國文．是災難的意思。劫本來沒有什麼叫做濁．因爲有了下邊的四種濁．纔造成了劫濁的。劫有大劫、中劫、小劫、三種。在一個大劫裏頭．有成、住、壞、空、四個中劫。【這四個中劫．要算壞劫是最苦的了．若是要詳細知道劫同了各種災難的情形．可以查看阿彌陀經白話解釋裏頭．於今十劫一句底下．有詳細解釋的。】一個中劫有二十個小劫。一個小劫．就是人的壽命．從最短只有十歲的時候算起．每過一百年加一歲．加到八萬四千歲．就要每過一百年減一歲了．仍舊減到十歲。像這樣的加一回．減一回．已經是一千六百八十萬年了．就叫一個小劫。一個中劫．有三萬三千六百萬年。一個大劫．有十三萬四千四百萬年。因爲到了每個劫的末後．不論大劫、中劫、小劫．都要發生各種災難的．這就是劫也稱做濁的緣故。見濁有五種。第一是我見。因爲人都認定了有一個我．有我的一個身體。有了這種我的見解．就要分別出我同了旁人來了。有了這種分別心．就要生出不論什麼事情．我都要佔到便宜。吃虧的事情都讓旁人去受。一個人所以有種種的惡業．都是從我同了人的分別心上造出來的。第二是邊見。邊見就是偏見．就是不正的見解．偏在一邊的見解。或是認定了一個人死了．就沒有了．沒有什麼好報應苦報應的。造惡也不要緊的．修善也沒有用的。或是認定了我們這個娑婆世界上的衆生．做人的終是做人．做畜生的終是做畜生。不會做了惡事受苦報應．也不會做了善事受好報應的。這種人的見解都是這樣偏的。第三是戒取。有一種外道．同了邪道差不多的。他們也有種種的法．種種的戒．不過都是不合正道的．或是同了佛道相反背的。專門引誘愚夫愚婦．進他們的教．說是有種種的好處。不明白道理的人．就會上他們的當．不走正路．走邪路了。第四是見取。執定了自己的見解．黑的硬要算他是白的．非的硬要算他是是的．自己總不肯認錯．就生出爭鬥的念頭．爭鬥的事情來了。第五是邪見。凡是種種不合正當道理的見解．都是邪見。因爲這五種見解．都可以束縛住一個人。在生生死死裏頭轉．永遠跳不出三界去．所以都叫做濁。煩惱濁也有五種。第一是貪。有了貪心．就這樣也要．那樣也要。這樣也捨不得．那樣也捨不得。不但是永遠不能够脫離這個世界．並且有了貪心．就要造出種種的惡業來了。第二是瞋。碰到一些些不稱心的事情．就要發火．不能够忍耐一些。因爲發了這種瞋心．就要造出無窮無盡的惡業來了。第三是癡。一些些不明白道理．是的不曉得是．非的不曉得非。正路也可以走走．邪路也可以走走．自己都不能够分辨出邪正來。這樣的人．怎麼可以修道呢。第四是慢。對了隨便什麼人．一味的驕傲．一味的自大。沒有一些些謙虛心．恭敬心。這樣的人．隨便學什麼事情．都不能够有進步的．怎麼能够學佛法呢。第五是疑。不論做什麼事情．最不好是有疑惑心。有了疑惑心．就有些信．又有些不信。今天信了．明天又不信了。要想修了．又想不修了。心裏頭七上八下．沒有一些主意．這是修行最不相宜的。這五種．也都是擾亂心思．使得一個人多生出煩惱來．不能够有一些些清淨．所以叫做濁。衆生濁是因爲衆生永遠在六道裏頭．生了又死．死了又生的轉。就是做了人．也仍舊免不了生老病死等種種的苦惱。若是到了畜生、餓鬼、地獄、三惡道裏頭去．那就更加說不盡的苦．不容易有脫離的日期了．所以叫做濁。命濁是在我們這個世界上．一年四季冷暖沒有一定的。時時刻刻催人老．催人死。一口氣呼出來了．就不曉得還能夠吸回去不能夠吸回去。人的壽命像朝晨的露水一樣．一眨眼就可以沒有了。眞是危險得很．所以叫做濁。【五濁、在佛經裏頭．不是常常有的．所以特地講得詳細些．使得看這本白話解釋的居士大家都可以明白了．在阿彌陀經白話解釋裏頭．末後五濁惡世一句經文底下．也有詳細註解的．可以一同看看。】十惡第一是殺第二是盜第三是淫第四是妄．【以上四惡、同了五戒八戒的前四戒．都是一樣的。】第五是兩舌．【兩舌、是撥是非．就是在姓張的面前．說姓李的怎麼樣說你的壞話．在姓李的面前．又說姓張的怎樣說你的壞話。】第六是惡口．【惡口、是用凶惡的話來罵人．使得人發火。】第七是綺語．【綺語、是不正當的話．輕薄的話。】第八是貪欲．【貪欲、就是貪心．看見了不論什麼．就這樣也要．那樣也要。】第九是瞋恚．【瞋恚、是發火生氣的意思。】第十是邪見．【邪見、

是不合正當道理的見解。】

此濁惡處．地獄、餓鬼、畜生、盈滿．多不善聚。

【解】地獄、餓鬼、畜生三種惡道裏頭．地獄是第一等苦．餓鬼是第二等苦．畜生是第三等苦。盈字、同了滿字一樣的意思。

【釋】這種五濁十惡的世界各處都是地獄、餓鬼、畜生．可以說得遍世界都布滿了的。這三種惡道要算地獄的種類最多．受苦也最厲害最長久。最苦的是八種大地獄裏頭．末一種阿鼻地獄了。【阿鼻、是梵語．翻譯中國文．阿字、是無字．鼻字、是間字．就是受苦沒有間斷停歇的意思。】凡是在做人的時候．犯了極惡的罪業．都要墮落到這種無間地獄裏頭去的。所說的無間地獄．有五種。第一叫趣果無間。就是這一世上所造的惡業．就要在這一世上受報．一定不能夠隔一世再受報的。第二叫時無間．就是日日夜夜受種種的苦．沒有間斷的時候。第三叫身形無間。就是一個人的身體．在地獄裏頭．就可以徧滿各處。無窮無盡人的身體．也一樣的徧滿各處。人多人少．沒有分別的。第四叫受苦無間。就是受苦的刑具各種都有。受了這種刑．又受那種刑．受刑沒有間斷的時候。第五叫壽命無間。就是身命的生死．沒有間斷。受到極重的刑．就死去了．死了又把他吹活轉來．再受各種刑。一日一夜．萬死萬生．永遠沒有間斷。地獄裏頭的苦．那裏說得完呢。【朝暮課誦白話解釋夜課裏頭．八十八佛後邊一段．有詳細解釋。】說了阿鼻地獄的苦．別的種種地獄．也就可以想得到了．不必多講了。餓鬼、是肚裏頭常常餓的．口裏頭常常渴的。【渴、就是口乾。】但是他們的喉嚨．是像針眼那樣細的。就是有人給他們吃喝．他們也不能夠多咽下去的。並且吃的、或是喝的東西．到了他們的口裏頭．就會變成了火．不能夠咽下去的。這種餓鬼．大半是活在世界上的時候．多犯了惡口兩舌的罪．所以受到這種報應的。畜生、是兩足的鳥．四足的獸．同了多足或是沒有足的活東西．不論在地面上的．或是在水裏頭的．還有種種蟲蟻．都包括在裏頭的。這是人活在世界上的時候．犯殺戒．淫戒．多瞋恚心．多愚癡心．多慳貪心．【慳、是氣量小。】多驕慢心．【慢、是自大．看不起旁人。】所以就投做種種的畜生。這種地獄、餓鬼、畜生、的前生．或是前前生．都是破戒法．犯惡業的報應。犯這種惡業的人．無窮無盡．都聚集在一處．所以地獄、餓鬼、畜生、遍地都是了。

願我未來．不聞惡聲。不見惡人今向世尊．五體投地．求哀懺悔。唯願佛日．教我觀於清淨業處。

【解】未來、是還沒有來的一生．就是下一世。惡聲、就是惡口。五體、是左足、右足、左手、右手、同了頭。投地、是五體都伏在地上的意思。懺、是懺除從前已經造的惡業。悔、是以後永遠不再造惡業。日、是比喻佛的。因爲佛能夠破除衆生的癡闇．【闇字、是心裏頭不明白的意思。】同了日光能夠照破世界的黑暗一樣．所以拿日來比喻佛。

【釋】我願意下一世．永遠不聽到惡的聲音．永遠不見到惡心的人。我現在用最恭敬的禮節．把五體完全伏到地上．向佛頂禮。求佛哀憐我．許我把從前所造的種種惡業．完全懺除。從現在起．一直到後來．所有種種的惡業．永遠斷絕．決不再犯。但願世尊．像日光那樣的照我．教我觀照到清淨善業的世界。【清淨、是沒有一些汚濁。善業、是沒有一些惡業。就是西方極樂世界。】

二正宗分

【正宗的正字、是主腦同了正文兩種的意思。宗字、是宗旨的意思．就是說這部經的主意。從下邊爾時世尊放眉間光一句起．一直到無量諸天發無上道心一句止．都是正宗分。】

爾時世尊．放眉間光。其光金色．徧照十方無量世界。還住佛頂．化爲金臺．如須彌山。

【解】十方．是東方、南方、西方、北方、東南方、東北方、西南方、西北方、上方、下方。須彌山、是各種山裏頭最高最大一座山。須彌、是梵語．翻譯中國文．是妙高兩個字。

【釋】在韋提希求佛的時候．佛就在兩眉中間．放出光來。【佛的放光、在佛的兩眉中間．有一根白的毫毛．像雪一樣的白．有一丈五尺長．這一根白毫．是八角式的．周圍五寸．中間是空的．會向右邊旋轉的．像一支琉璃筒．就在這個白毫裏頭．發出光來的。凡是放光．都是爲了要利益衆生．放那一處光．就利益那一類的衆生。眉間放光．是利益大乘根機的．要曉得詳細．可以請一本朝暮課誦白話解釋來看看．在爾時世尊從肉髻中兩句底下．有詳細解釋的。○大乘、是修成菩薩成佛的人。】光的顏色．是像黃金一樣的．周徧照到十方無窮無盡的世界。沒有多少時候．光就收回轉來．停住在佛的頭頂上面。變化成功了一座黃金的臺．像須彌山那樣的．又高大．又莊嚴。【須彌山、是金、銀、琉璃、玻璃、四種寶貝合成功的．不像我們現在所看見的山．都是泥土同了石合成功的。莊嚴、有裝飾的意思．不過用莊嚴兩個字．是裝飾得很莊重嚴正的．不是輕佻浮動的．是把功德來裝飾的．不是用物品來裝飾的．所以叫莊嚴．不叫裝飾。○琉璃、是一種青色的寶石。玻璃、是有些像水晶那樣的一種寶貝。不是我們現在所用的玻璃。】須彌山、是在大海裏頭的．露出在水面上．有八萬由旬．在水底下．也有八萬由旬。【每一由旬．有四十里．若是要曉得須彌山的詳細情形可以查看阿彌陀經白話解釋從是西方過十萬億佛土一節底下有詳細解釋的。

十方諸佛淨妙國土皆於中現。

【解】淨、是清淨。妙字、是有又奇又好兩種意思。於字、同了在字差不多的意思。

【釋】十方一切的佛所住的所教化的又清淨又奇妙的國土。【國土、有清淨垢穢的分別像我們這個娑婆世界現在正是末法的時代釋迦牟尼佛已經示現了涅槃彌勒佛還沒有出世現在這個娑婆世界是沒有佛的世界了所以已經成了穢土了。】都在佛頂上的光所化成的金臺裏頭顯現出來。

或有國土七寶合成。復有國土純是蓮華。復有國土如自在天宮。復有國土如玻璃鏡。十方國土皆於中現。有如是等無量諸佛國土嚴顯可觀令韋提希見。

【解】七寶．是金、銀、琉璃、玻瓈、硨磲、赤珠、瑪瑙、七種寶。硨磲、有些像白玉．有一條一條的紋路．像車輪的渠．【渠、渠本來是小溝．因爲車輪在地上滾過．那樣的印子．像溝渠一樣的。】所以叫硨磲。赤珠、是紅色的珠。瑪瑙、也是一種寶．形狀顏色．都有些像馬的腦子．所以叫瑪瑙。四個復字．同了前邊我等不宜復住於此的復字一樣的。純字、是完全不夾雜的意思。自在天、是欲界最高的一層天．也叫他化自在天。嚴字、是莊嚴淸淨的意思。顯字、是顯明沒有垢穢、只有淸白的意思。

【釋】十方一切佛的淸淨奇妙國土．雖然各各不同．但是大半都是金、銀、琉璃、玻瓈、硨磲、赤珠、瑪瑙、七種寶貝合成的。還有一種國土．都是靑、黃、赤、白各種顏色的蓮華合成的。還有一種國土．又莊嚴．又華美．像自在天上天王的宮殿一樣的。再有一種國土．像玻瓈鏡那樣明亮的。這樣種種的十方國土．都在佛頂所放的光裏頭現出來。多到無窮無盡．不可以拿數目來計算的。十方諸佛的國土．都是非常的莊嚴淸淨．好看得很的。這是佛顯現出來的淸淨奇妙境界．給韋提希看的。

時韋提希白佛言．世尊．是諸佛土．雖復清淨．皆有光明．我今樂生極樂世界阿彌陀佛所。惟願世尊．教我思惟．教我正受。

【解】阿彌陀佛所的一個所字．就是阿彌陀佛住的地方。一個人把心定住了後．就可以沒有什麼想念的．但是在心沒有定住的前．想念是很多的．這就叫思惟。離開妄想、邪念、叫正。【妄想、就是亂念頭。】妄想、邪念．都停止了．把這個心完全安放在佛法上．叫正受。

【釋】韋提希見到了佛所放的光裏頭．有許多佛住的國土．雖然各有不同的清淨奇妙．但是韋提希有他自己的願心。所以向佛說道．世尊．這各種的佛土．雖然也都是很清淨的．沒有一處不好的。世尊既然教我看這各種清淨世界．是世尊的慈悲．要我自己揀選。我就喜歡生到只有樂、沒有苦的極樂世界、阿彌陀佛所住的那裏去。我但願佛教我定住了心的想念．教我把這個心完全安住在佛法上．沒有一些些散亂的心．想念到別處去。

爾時世尊．卽便微笑。有五色光．從佛口出。一一光照頻婆娑羅王頂。

【解】微字、是少同了小兩種意思。微笑、恰巧同了大笑狂笑相反的。一一光、是一道一道的光。

【釋】佛不是隨便笑的．一定要合了佛的願心．纔向人露出一些笑來。佛聽到了韋提希不願意住在這個惡濁世界．願意往生西方極樂世界．求佛教他往生西方的修法。正合了佛勸化衆生．救度衆生的大慈悲心．所以佛立刻就向韋提希微微的笑。這是佛表現稱讚獎勵韋提希的意思。一面從口裏頭放出五色的光來。【佛從口裏頭放光．是利益小乘的．因爲佛眼看出頻婆娑羅王．是小乘的根機．所以從口裏頭放出利益小乘的光來照他。】不過上邊是韋提希請求佛的．怎麼佛放光不照韋提希．倒反照到頻婆娑羅王的頂上呢。這是佛有兩種意思的。一種是佛要使得王見到了佛光．可以加添王歸向佛道的心、可以明白王位是虛假的、不能夠了脫生死、將來還是免不了要死的。所以王一經佛光照過、就會成阿那含。【成阿那含下一段釋裏頭、就會講明白的】。還有一種意思、是要使得韋提希看見佛光照在國王的頂上、就解除了種種憂愁煩惱。他自己信仰佛法的心、更加增進、更加深切的修。將來自然會償他往生西方極樂世界的願的。

爾時大王、雖在幽閉、心眼無障。遙見世尊、頭面作禮。自然增進、成阿那含。

【解】大王、就是頻婆娑羅。障字、是阻礙遮隔的意思。阿那含、是聲聞四果裏頭的第三果。

【釋】在佛放光的時候、國王頻婆娑羅、雖然仍舊被阿闍世關禁在七重深的房裏頭、但是國王不起煩惱心。他的心、是很安定的、他的眼、是很明亮的。所以沒有什麼阻隔的。所以離開佛住的耆闍崛山、雖然很遠、七重房的牆壁、雖然很厚、都不能夠阻隔他的視線。【視線、是眼睛一直看出來的一道光線。】還是能够淸淸楚楚見到佛的。國王一見到佛就把自己的頭面碰在地上向佛頂禮。他不知不覺自然而然的增加長進了很多的佛道頓時就成了阿那含果了。阿那含果是修小乘聲聞法四果裏頭第三果。四果是須陀洹、斯陀含、阿那含、阿羅漢。修成了這四種果的人就叫聲聞。【聲聞、是修小乘苦集滅道四諦法的。四諦在後邊第十五觀裏頭有詳細解釋的。】阿那含、是梵語翻譯中國文是不來兩個字。就是不再到這個有生死的世界上來了就不會再在這個世界上生了又死死了又生了。

爾時世尊告韋提希。汝今知不阿彌陀佛去此不遠。汝當繫念諦觀彼國淨業成者。

【解】不字、同了否字一樣的意思。並且也讀做否字音。【下邊還有應該用否字的地方也寫成不字的就不再註解了。】繫字、有接連同了縛住兩種意思。繫念就是把這個心想．定在一處．不想到他處去。接連的想．不斷的想．像縛住在一處的樣子。諦字、是詳細切實的意思。

【釋】佛看見頻婆娑羅王．已經成了阿那含。又想起了韋提希．情願生到阿彌陀佛的西方極樂世界去．所以就向韋提希說道。你現在曉得麼．阿彌陀佛離開這裏王舍城．並不遠的。你應該常常接連不斷的想念阿彌陀佛。還要詳詳細細、切切實實的、觀想阿彌陀佛的極樂國。在極樂國的人．都是修成了淨業的。【什麼叫淨業呢．凡是所轉的念頭．所做的事情．不論善的惡的．都叫做業。轉善念頭．做善事情．叫善業。轉惡念頭．做惡事情．叫惡業。淨業、是清淨的業．就是修佛道．怎樣的修法．就是修下邊所說的三種福。】

我今爲汝廣說衆譬。亦令未來世一切凡夫．欲修淨業者．得生西方極樂國土。

【解】這個爲字、也要在右角上邊加一圈．讀做位字音的。【下邊再有同這個爲字一樣解釋的．就不再註解了。】廣字、是大同了多兩種意思。譬、就是譬喻。未來世、是把沒有來的一世、十世、百千萬億世．都包括在裏頭了。在生死裏頭．迷迷惑惑．轉來轉去．生了又死．死了又生．不覺得苦惱．不曉得修佛法的俗人．叫凡夫。

【釋】我現在爲了你．詳詳細細說種種的譬喻。不但是你可以明白西方極樂世界的種種樂處．也可以使得沒有來的一世、十世、百千萬億世所有十方世界上的一切凡夫．有願心修淨業的人．都能够生到西方極樂國土去。

欲生彼國者．當修三福。一者、孝養父母．奉事師長．慈心不殺．修十善業。

【解】彼字、是那個的意思。長字、要在左角上邊加一圈．讀掌字音．就是尊長同了有道德的人的意思。

【釋】凡是要生到西方極樂國土去的人．應該要修三種福。第一種福．是孝養父母。說到一個孝字．那就多得很哩。敬重父母．親愛父母．事事要依順父母．不可以有一些些違背父母．不可以使得父母有憂愁不快活的心思．不可以做不應該做的事情．學習下流．使得父母受人吐罵。好的食品讓父母吃．好的衣服讓父母穿。時時刻刻．都應該記念父母生我、養我、教我、的大恩大德。父母有病．應該求醫診治．親自煎湯煨藥。父母死後．殮葬一切．【人死了．把新的衣服穿好了．放進棺材裏頭去．叫殮。】要盡我的心．盡我的力．還要念佛誦經．超度祭祀．使得父母能夠往生西方．這是孝父母最大、最要緊的一件事情。做兒子的．應該要做孝養父母的事情．多得很．那裏說得完呢。現在世界上．曉得孝養父母的人．很不多了．所以我嚕嚕囌囌說了許多話。想借這個機會．勸勸現在做兒子的人。（我做過一篇勸孝白話文的．說來還覺得詳細．倘然有人要看．我可以奉送的。）奉、是供奉。事、是服侍。師長有世間的師長．【是俗人的師長．教弟子讀誦詩書．修行仁義的。】有出世的師長。【是學佛法的師長。】慈心、是大慈悲心．也就是佛的心。修行人要有慈悲心．不可以殺有生命的東西．這是不論在家人、出家人、小乘人、大乘人、都要戒的。殺生是最重的惡業．同了佛的大慈悲．大相反的。一個人活的時候．專門殺害生命．到死的時候．還會往生淨土麼．天下決沒有這種道理的。十善業、是不犯十惡．【十惡、在前邊五濁惡世底下．已經詳細解釋過的。】就是十善。修、就是禁戒不犯的意思。

二者、受持三歸．具足衆戒．不犯威儀。

【解】受、是領受在心裏頭的意思。持字、是常常記住不忘掉．像把手來揑住的意思。三歸的歸字、同了皈依的皈字一樣的．是從邪的一邊．反過來歸向到正的一邊去。三歸、就是歸依佛．歸依法．歸依僧。具足、是完全的意思。威儀、是說行、【是走路。】住、【是停住不動。】坐、臥．【是睡。】都有威嚴。【威嚴、是鄭重不輕浮的意思．使得人看見了．生恭敬的心．不是使得人看見了．生懼怕的心。】儀字、是禮節、面貌、身體．都有正當合法的樣子。犯字、是違背的意思．就是不合法則。

【釋】第二福、是要領受記得三種皈依。第一、是皈依佛．倘然本來已經歸依了邪的外道神鬼就應該要反過來歸依正的佛菩薩。第二、是歸依法。倘然已經歸依了邪的魔法。就應該要反過來歸依正的佛法。第三、是歸依僧。倘然已經歸依了修邪術的人【術、就是法術。】就應該要反過來歸依出家修佛法的正僧。能夠歸依佛法僧的人。都可以跳出三惡道。同了三界裏頭生了又死、死了又生的苦。【三界、是欲界、色界、無色界。在阿彌陀經白話解釋無量諸天大衆俱一句底下。有詳細註解的。】還要守種種的戒法。在家修行的人。不論男女都應該要守五戒。【就是殺、盜、淫、妄語、飲酒。】出家的比丘應該要守二百五十戒。比丘尼應該要守五百戒。既經做了修行人。應該要有修行人的樣子。要守修行人的規矩。無論行住坐臥都要端端正正。有些威嚴。使得大家看見了。生恭敬的心。若是顯出了一些些輕浮的舉動來。就違犯了威嚴儀式了。要求生到淨土去的。都要處處留心。時時注意的。

三者、發菩提心。深信因果。讀誦大乘。勸進行者。如此三事。名爲淨業。

【解】菩提、是梵語．完全說起來是菩提薩埵四個字．翻譯中國文．是覺悟的意思．【覺、就是不迷．悟、就是醒悟。】也可以翻譯做一個道字的。因字、是種子的意思。下了什麼種．就結什麼果．所以叫因果。大乘、是指講大乘佛法的經。聲聞緣覺是小乘。佛菩薩是大乘。【緣覺、是修十二因緣法修成的．在這裏沒有什麼大關係．解釋起來很煩的．所以不講了．若是要曉得清楚．在阿彌陀經白話解釋裏頭．皆是大阿羅漢一句底下．講得很明白的。】勸進、是勸導旁人上進的意思。行者、就是修行人。

【釋】第三種福．發菩提心．是發道心．就是要發成佛的大心。【大心、是放大心量．不求成緣覺聲聞的心．求成佛成菩薩的心。】發心大．成功也大．所以要發大心。還要深切相信種什麼因．一定會結什麼果。譬如種了豆下去．一定是結豆的．決不會結穀的。種了穀下去．一定是結穀的．決不會結豆的。所以種了成佛成菩薩的因．一定就會成佛成菩薩．決不會成聲聞緣覺的。種了聲聞緣覺的因．一定只能夠成聲聞緣覺．決不會成菩薩的。所以因果一定不可以不信．並且不可以不深信切信的。還要應該讀【看了書出聲的念叫讀。】誦【不看書、或是雖然看書的、但是不出聲的念、叫誦。】大乘的經典、不可以讀誦小乘的經典。乘字本來就是車、大乘、是大車、可以多裝東西的、譬如佛菩薩能夠勸度無量的衆生。小乘、是小車、不能夠多裝東西的、譬如聲聞緣覺、只能夠度自己免生死的苦、不能夠普徧的度一切衆生的。從第一福、孝養父母起、一直到第三福、讀誦大乘、十一種修法、都是利益修行人自己的。這末一句、勸向來不修行的人、進步做修行佛法的人、纔是利益旁人的事情。要修淨業、一定要做利益旁人的事情的、這是一件很要緊的事情。像上邊所說的三種福、就叫淨業。

佛告韋提希、汝今知不、此三種業、乃是過去、未來、現在、三世諸佛、淨業正因。

【解】三世、就是已經過去的一世、還沒有來的一世、同了現在的一世。正因、是修成功淨業正當的原因、就是修成淨業正當的種子。

【釋】上邊三種福的話．本來就是佛親口說的。這裏又向韋提希問一句．你現在曉得了麼。佛只怕韋提希同了後世的修行人不很注意．所以又重說一遍。這三種業．【三業、就是前邊所說的三福。】就是在過去世、現在世、未來世、出現的一切諸佛．修淨業的正正當當的種子。佛的勸化修行人．有這樣的懇切．這樣的不怕煩瑣．眞是我們的大慈悲父呀。

佛告阿難．及韋提希。諦聽諦聽．善思念之。如來今者．爲未來世一切衆生．爲煩惱賊之所害者．說淸淨業。

【解】諦字、有切實詳細兩種的意思。善字、是好的意思。兩個爲字、都要在右角上邊加一圈．讀做位字音。下一個爲字．是被字的意思．就是被煩惱賊所害的衆生。煩惱能夠傷害慧命的．【凡俗人的命．是年歲壽命．修行人的命．是智慧．所以叫慧命。】所以煩惱叫做賊。

【釋】前邊的一段、是佛向韋提希一個人說的話。這裏又加上一個阿難、是因爲將來阿難要編集這部經的、所以要阿難格外的靜心仔細的聽、將來編起來、可以不會錯誤、這是佛爲了後世的修行人、可以勿走錯路的大慈悲心。所以囑咐阿難韋提希二人道、你們要切實詳細的聽。【連說兩個諦聽、也是鄭重的意思、要聽的人格外的注意。】聽了還要好好的想念牢牢的記住。佛現在爲了將來的世界上、被煩惱賊所傷害、不能夠跳出這五濁惡世的一切衆生、詳詳細細的說淸淨的善業。

善哉韋提希、快問此事。阿難、汝當受持廣爲多衆宣說佛語。

【解】善、是好的意思。哉字、是虛字、有些稱讚的意思在裏頭的。此事、是這一件事情、就是問生西方極樂世界去的事情。宣字、是宣佈出來的意思。

【釋】凡是佛稱讚人、都是用善哉兩個字的。佛因爲韋提希願意生到西方極樂世界去、所以稱讚他。前邊佛所說的修三福、不過說了一個大畧、沒有詳細的說、所以要韋提希再問問明白。阿難是專門把佛所說的佛法．編集成功佛經的．所以特地鄭重囑咐阿難說．你應該領受記住我所說的話．到各處去爲許多許多的衆生．宣傳講演．並且還要編成經典．可以使得後世後後世的衆生永遠流傳下去．使得大家都曉得修往生西方極樂世界的法門。

如來今者．教韋提希．及未來世一切衆生．觀於西方極樂世界。

【解】這個觀字、同了經題裏頭的觀字一樣的。

【釋】佛現在教韋提希．同了未來世界所有的一切衆生．觀想西方極樂世界種種奇妙的景象。

以佛力故．當得見彼淸淨國土。如執明鏡．自見面像。見彼國土極妙樂事．心歡喜故。應時卽得無生法忍。

【解】應時、是立刻的意思。無生法忍、是一種修行功夫的名目。沒有生也沒有滅．叫無生實在就是眞實的理性．智慧證到了眞實的理性．叫無生。忍字、是安住的意思．就是把智慧安住在眞實的理性上邊。

【釋】韋提希是一個凡夫．只有肉眼．【眼有五種．凡夫的眼、叫肉眼．天上人的眼、叫天眼．聲聞緣覺的眼、叫慧眼．菩薩的眼、叫法眼．佛的眼、叫佛眼。】怎麼能夠看得到西方極樂世界呢。這是因爲佛用了佛力來幫了韋提希．韋提希靠托了佛力的緣故．所以能夠見到西方清淨國土．像拿了明亮的鏡．自己看見自己的面像一樣。能夠看到那邊國土裏頭種種極奇妙的快樂事情．因爲心裏頭歡喜的緣故．所以立刻就得到了無生法忍。要曉得衆生都因爲種種的煩惱太多了．所以現出這種生滅的形相來的．講到眞實的理性．那裏有什麼生．那裏有什麼滅。得到無生忍的人．心裏頭很安閒舒服．沒有一些些的煩惱發生出來．所以就永遠不會被外面的境界所迷惑搖動．使得他再墮落下去的。【無生忍、在朝暮課誦白話解釋卷首、佛法大意裏頭也講過的。】

佛告韋提希．汝是凡夫．心想羸劣．未得天眼．不能遠觀。諸佛如來．有異方便令汝得見。

【解】羸字、讀做累字音．是疲軟的意思。劣字、讀做立字音．是衰弱的意思。凡夫、是娑婆世界上的俗人。方便、是使得旁人得到利益沒有爲難。異方便、是特別奇異的方便。

【釋】佛囑咐韋提希說．你是凡夫．心裏頭的想念．是疲軟的．【就是沒有能力．沒有智慧。】是衰弱的沒有力量的。並且你只有肉眼．沒有天眼的．【有了天眼．就不論遠近、內外、日夜、都能够看得到．沒有阻礙了。】不能够看到遠地方的．本來你看不到西方極樂世界的。諸佛因爲要你修淨業．將來可以生到西方極樂世界去．所以用了特別的方便法門．使得你能够見到西方極樂世界．種種的勝妙景象。【勝妙、是特別的好。】

時韋提希白佛言。世尊．如我今者．以佛力故．見彼國土。若佛滅後．諸衆生等．濁惡不善．五苦所逼．云何當見阿彌陀佛極樂世界。

【解】滅、是滅度、就是滅除生死、沒有生生死死的苦了。五苦、有生苦、老苦、病苦、死苦、犯罪枷鎖苦、的一種說法。【犯了罪、要把枷套在頭頸裏頭、或是鎖住了兩手兩足。】還有一種說法、是地獄、餓鬼、畜生、人、天、五道的苦。【天道雖然是樂的、但是天福享完了、仍舊要墮落到惡道去的、所以也算是苦。】云何、同了如何一樣的、也是怎麼樣的意思。

【釋】韋提希聽到佛說完了話、就向佛說道、世尊像我現在依靠了佛力的緣故、能夠見到西方極樂世界。若是將來佛滅度後、沒有佛力可以依靠。這個世界上的眾生、又都是犯五濁、十惡、種種不善的、沒有善行的人、被此地獄、餓鬼、畜生、人、天、五種苦道所逼迫、那裏還能夠見到阿彌陀佛的極樂世界呢。

佛告韋提希、汝及眾生、應當專心繫念一處、想於西方。云何作想、凡作想者、一切眾生、自非生盲、有目之徒、皆見日沒。

【解】專心、是把心思專門用在一處、不夾雜別種想念在裏頭。盲、是瞎眼、生下地來眼睛已經瞎了的叫生盲。沒字、是落下去的意思。

【釋】佛因爲韋提希問若是佛滅度後沒有了佛力的幫助怎麼能夠見到西方極樂世界．所以佛就教他觀想西方極樂世界的方法。說道、要看極樂世界．應該要一心一意．把念頭歸在一處．不要想到別處去．要專心想念西方。怎麼樣的想念呢。要曉得凡是用想念功夫的。一切衆生．除了生下地來．就是瞎眼的．那就當然看不到的了。這些有眼睛的人．大家都能夠見到太陽落下去的。

當起想念。正坐西向。諦觀於日欲沒之處。令心堅住．專想不移。見日欲沒．狀如懸鼓。

【解】住字、是停住不動的意思。堅住、是把自己的心．很堅牢的停住在那裏．一些不放他變動。懸字、是掛起來的意思。

【釋】看到太陽要落下去的時候．應該要發起想念的心來了。端端正正．面向西方坐定了。看準了太陽落下去的地方。把自己的心.着牢住在太陽上看。專心想念這個太陽.不放這個心移動到別處去。那就能够見到太陽要落下去時候的形狀.像掛在虛空裏頭一面鼓。

既見日已。閉目開目.皆令明了。是爲日想.名曰初觀。

【解】明了的了字、是清楚的意思。

【釋】已經看到了太陽後.要閉眼開眼.都能够看得明明白白.淸淸楚楚.這種思想.就是日想。【這個想字、實在就是觀字的意思.因爲這個觀字.本來就是想的意思。】名目就叫初觀。【初觀就是第一觀.這部觀無量壽佛經.本來也可以叫十六觀經的.因爲這部經的正宗.是講十六種觀想法的。這一段講觀日.是十六觀裏頭的第一觀。】

次作水想。見水澄淸.亦令明了.無分散意。

【解】次字、是第二的意思。澄字、同了淸字一樣的意思。但是有把水濾淸的意思在裏頭。

【釋】第二觀、是要觀想水了。一邊想、一邊還是要觀。雖然看到水是很淸的、但是也要一心一意、使得兩隻眼、一個心、都覺得明明白白淸淸楚楚、沒有一些些分散雜亂的意思。

既見水已、當起冰想、見冰映徹、作琉璃想。

【解】映字、是照的意思。徹字、是透的意思。映徹兩個字併攏來講、是照起來透明的意思。琉璃、是一種靑色的寶、須彌山的南方產生這種寶的。

【釋】已經見到了水、應該要發起觀想水變冰的念頭來了。看見冰是照起來透明的、就要把冰當做琉璃寶那樣的觀想法了。

此想成已、見琉璃地、內外映徹。下有金剛七寶金幢、擎琉璃地。

【解】金剛、是一種寶、出在金裏頭的、非常的堅固鋒利、可以用來切玉的、這個世界上難得有的。幢字、讀做狀字音．是一支很高的木柱．外面用各種的絲或綢來包起來．放在佛的面前．用來指揮衆生．制伏魔鬼的。擎字、讀做勤字音．就是擎起來．撐起來的意思。

【釋】看到了冰的透明．就要發起冰像琉璃一樣的觀想。觀想成功了．就能够看到琉璃地了。【所說的觀想成功．就是教修行人觀想水．使得他的心．停住在水上面．不散亂．又把水轉成了冰．又把冰轉成了琉璃．又把琉璃轉成了琉璃地。】看見琉璃地裏裏外外都是很透明的地。地下有金剛寶．同了金、銀、琉璃、玻瓈、硨磲、赤珠、瑪瑙七種寶貝做成的金幢．把這個琉璃地擎撐起來。

其幢八方．八楞具足。一一方面．百寶所成。一一寶珠．有千光明。一一光明．八萬四千色．映琉璃地．如億千日．不可具見。

【解】楞字、同了棱字一樣的．就是角。因爲是八方的．所以八個棱角完全的。

【釋】這個金幢．是八角式的．八個角都完全的。一面一面．【因爲是八角的．就有八面了．所以說一面一面。】都是百寶裝成的。百寶裏頭的一顆一顆寶珠．都有一千道的光明。放出來的一道一道的光明．又各各有八萬四千種的顏色。都映照在琉璃地上．像有億千個太陽一樣的明亮。【億字、有各種的說法．有的說一億是十萬．有的說是百萬．有的說是千萬．有的說是萬萬．大概說一億是十萬的多。】不能夠完全看淸楚了。

琉璃地上．以黃金繩．雜廁間錯。以七寶界．分齊分明。一一寶中．有五百色光。其光如華．又似星月。懸處虛空．成光明臺。

【解】廁字、是軋在裏頭的意思。雜廁、是夾夾雜雜的軋在裏頭。錯字、是雜亂的意思。間錯、是同了別種東西雜亂的夾在裏頭。分齊、就是分劑．【分字、要在右邊上角加一圈．讀做份字音。】是一份一份的意思。

【釋】在琉璃地上．拿黃金來做繩子用的。【我們世界上的黃金．是很堅硬的．怎麼能夠做繩用呢．極樂世界拿黃金來做繩．是因爲極樂世界的黃金．是可以要他硬就硬．要他軟就軟的。】拿黃金的繩來隔開道路．橫的、直的、正的、斜的、種種都有。都是用七種寶來分別界限的．一份一份分別得很清楚．一些不雜亂的。這種分別界限的七種寶．又是每一個寶裏頭．都有五百種顏色的光放出來的。這種光．又像華。【華字、要在左邊下角加一圈．讀做花字音．意思就是花．在佛經裏頭．凡是花字．都用這個華字的。】又像天上的星．同了月的光。掛在虛空裏頭．化成了一座很光明的寶臺。

樓閣千萬．百寶合成。於臺兩邊．各有百億華幢．無量樂器．以爲莊嚴。

【解】這幾句、都是說用許多的寶貝來莊嚴琉璃地的。但是這種寶貝．都是阿彌陀佛的功德莊嚴成功的．所以這莊嚴兩個字．還是要照用功德來裝飾解釋的。

【釋】還有樓．同了閣．都有成千成萬的多。每一座樓．每一座閣．都是百寶合成的。不像我們世界上的樓閣．都是木石磚瓦造成的。在臺的兩邊．每邊各有種種奇華做成的幢．也有百億的多。還有用絲做的、竹做的、吹的、彈的、種種作樂用的器具．更加多到沒有數目．可以計算了。像這樣種種的物品．都是莊嚴琉璃地的。

八種清風．從光明出。鼓此樂器．演說苦空無常無我之音。是爲水想．名第二觀。

【解】八種、就是八方。【八方、八方是十方除上下兩方。】鼓字、是敲的意思。凡是敲打樂器．都可以用一個鼓字的。演說、就是講。不過說字上邊加一個演字．有不但用口來講．還有用手來指點的意思在裏頭。苦、空、無常、無我．在下邊釋裏頭．就會講明白的。

【釋】東、南、西、北、東南、西南、東北、西北、八方的清風．都是從琉璃地上種種的光明裏頭吹來的。風吹到了各種樂器上邊．各種樂器．就自然會發出講演苦、空、無常、無我、四種佛法的聲音來。大家想想看．樂器會演說佛道．的稀奇不稀奇呢。所說的苦．或是自己尋煩惱．或是受旁人的逼迫．這個世界上的苦．多得很哩．有三苦、八苦、十苦、一百十苦、種種的不同。【在阿彌陀經白話解釋裏頭．無有衆苦一句底下．講一個苦字很詳細的。】最普通的說法、是八種苦。第一生苦。就是在娘肚裏的時候、同了生出來的時候。第二老苦。就是到了年紀老的時候、有種種的苦。第三病苦。就是生病的時候。第四死苦。一個人到了死的時候、都有種種說不出的苦。第五愛別離苦。就是很要好的人、常常有不能夠不離開的苦。第六怨憎會苦。【怨憎、是恨同了厭的意思。】大家有怨仇、或是不要好的人、常常要碰到。第七求不得苦。就是不論要一件什麼東西、或是要做一件什麼事情、偏偏做不到。第八五蘊熾盛苦。【五蘊、也可以叫五陰、陰字、蘊字、都是遮蓋包藏的意思。】五蘊、就是色、受、想、行、識、【一個人的身體、同了種種有形相的東西、都可以叫色。受、是一個人所受到的樂的苦的境界。想、是心裏頭常常想的亂念頭。行、是一個亂念頭過去了、一個亂念頭又來了、接連不斷的意思。識、是分別種種東西這樣好那樣不好的心。】有了這五種蘊、使得一個人迷惑顛倒、生出種種的壞念頭來、就要造惡業受苦報應了。空、也很有幾種的說法、最簡單說說、一個人的身體、只要一口氣不來了、身體還有什麼用處、那末身體不是空的麼。身體已經完全是空的、那末身體外一切的一切、更加沒有一樣不是空的了。無常、是沒有長久的意思．我們這個世界上一切的法．【在佛法裏頭．不論什麼事情什麼東西都可以稱法的。】時時刻刻在變的．忽然生了．忽然滅了．都沒有長久的。無我、是不明白佛法的人．都是認定我這個人．的確是有的．有了我．就有旁人的分別．就會造出種種的業來了。要曉得一個人．是地、水、火、風、四大合成的．【地、是身體裏頭的骨、水、是身體裏頭的痰、涎、大小便。火、是身體裏頭的熱。風、是身體能夠動．四大、在朝暮課誦白話解釋卷首一本佛法大意裏頭．有詳細解釋的。】這四大分開了．就人都不像一個人了．還有什麼我。請問這個我在那裏。修行人能夠觀想．像上邊所說的種種．就是水想。水想、是十六觀裏頭的第二觀。

此想成時．一一觀之．極令了了。閉目開目．不令散失。唯除食時．恆憶此事。如此想者．名為麤見極樂國土。

【解】恆字、是常常的意思。照佛法說．食應該有一定的時候．早晨、是天上人食的時候．

午時、是佛食的時候．過了午時．佛就不食了。傍晚、是畜生食的時候．夜間、是鬼神食的時候．總共有四種。

【釋】想到上邊所說的水想成功的時候．要使得這一種的觀想．非常的明明了了。不論閉了兩眼．或是開了兩眼．都不可以放這種景象散開了．或是竟然失去了．看不到了。除了午時正在應該食的時候．可以暫時停息。別的時候．就要常常記住這種觀想的情景了。像這樣的觀想．就叫麤麤的見到極樂國地．還不可說詳細的見到極樂國地哩。

【麤音粗。】

若得三昧．見彼國地．了了分明．不可具說。是爲地想．名第三觀。

【解】三昧、是梵語．【就是印度話。】翻譯中國文．是正定兩個字。正字、是不偏不邪。定字、是不散不亂。

【釋】若是觀想的修行人．已經得到正定功夫的．看起極樂國土來．就能够淸淸楚楚．

明明白白比了初觀時、就大不相同了、竟然說也說不盡了。這就叫地想。是十六觀裏頭的第三觀。

佛告阿難、汝持佛語。爲未來世一切大衆、欲脫苦者、說是觀地法。若觀是地者、除八十億劫生死之罪。捨身他世、必生淨國。心得無疑。

【解】捨字、是放掉的意思。捨身、是把自己的身體放掉的意思。

【釋】佛的慈悲眞是了不得、一邊在教韋提希、一邊又想到未來的衆生、恐怕記佛所說種種佛法的阿難、【釋迦牟尼佛所說的佛法、都是阿難在佛說的時候記下了、後來整理好了、就編集成了各種佛經、所以稱他做記佛說法的阿難。】偶然不小心漏記了、或是記錯了、所以佛又叫一聲阿難、是提醒他注意的意思。佛囑咐阿難道、你一定要牢牢記住我所說的話。爲了沒有來的一世一世的許多衆生、凡是要脫離苦惱的、你都要爲他們詳詳細細的說這觀想的法門。要曉得一個人生了又死、死了又生、都是造了惡業所以在六道輪迴裏頭不停的轉來轉去。若是有修行人能夠觀想到極樂國地那這個人就可以免除八十億劫長時期的生生死死的罪了。他捨棄了這一世的身體到了下一世一定能夠往生到清淨的佛國去了。可以放心不要有什麽疑惑的。

作是觀者名爲正觀。若他觀者名爲邪觀。

【解】正觀、是正當的觀想。邪觀、是不正當的觀想。

【釋】修行人若是能夠修像上邊所說的那種觀想叫做正觀。若是修別種的觀想叫做邪觀。正觀是應該修的邪觀是萬萬不可以修的。

佛告阿難及韋提希地想成已次觀寶樹。觀寶樹者一一觀之作七重行樹想。

【解】重字、行字、都要在左邊下角加一圈。重字、讀做從字音是一重一重的意思也可以說就是一層一層。行字、讀做杭字音是一行一行的意思。

【釋】佛又囑咐阿難同了韋提希道。地想已經成功了．又要觀想珍寶所成的寶樹了。寶樹、應該要一株一株詳細的觀想。還要觀想一行一行的寶樹．排列得非常的齊整。一重一重．有七重的多。寶樹上邊的枝、葉、華、果．都是枝對枝、葉對葉、華對華、果對果．齊齊整整．一些不雜亂的。

一一樹．高八千由旬。其諸寶樹．七寶華葉．無不具足。一一華葉．作異寶色。

【解】異字、是不同的意思．也可以說是稀奇的意思。

【釋】一株一株的寶樹．都有八千由旬的高。那許多寶樹．都是每一株樹上．七種寶貝的華．同了七種寶貝的葉．沒有一株不是完全有的。若是樹幹是金的．【樹幹、就是樹的身。】那末所有的枝、葉、華、果．就是琉璃、玻璃、硨磲、赤珠的了。若是樹枝是琉璃的．那末所有的幹、葉、華、果．都是金、銀、玻璃、硨磲、赤珠、瑪瑙的了。若是樹葉是玻璃的．那末所有的幹、枝、華、果都是金、銀、琉璃、硨磲、赤珠、瑪瑙的了。若是華是硨磲的、那末所有的幹、枝、葉、果、都是金、銀、琉璃、玻瓈、赤珠、瑪瑙的了。若是果是赤珠的、那末幹、枝、葉、華、都是金、銀、琉璃、玻瓈、硨磲、瑪瑙的了。各樹各樣、沒有一株相同的。並且一朵一朵的華、一瓣一瓣的葉、都是稀奇奇各種珍寶的顏色。

琉璃色中、出金色光。玻瓈色中、出紅色光。瑪瑙色中、出硨磲光。硨磲色中、出綠眞珠光。珊瑚、琥珀、一切衆寶、以爲映飾。

【解】珊瑚、也是一種寶、出在大海裏頭的、形狀像沒有葉的小樹、枒枝很多的、顏色大半都是紅的。琥珀、出在印度洋各個海島裏頭的。【印度洋、是在印度一帶的海洋、也可以叫南海。】

【釋】在琉璃色裏頭、會發出金色的光來。在玻瓈色裏頭、會發出紅色的光來。在瑪瑙色裏頭、會發出硨磲的光來。在硨磲色裏頭、會發出綠色的眞珠光來。還有珊瑚、琥珀、所有一切的許多寶貝、都映照在各種寶樹上邊、【映照、是各種寶貝裏頭發出來的各種光、都反照在寶樹上邊。】做各種寶樹的裝飾。

妙眞珠網、彌覆樹上。一一樹上、有七重網。一一網間、有五百億妙華宮殿、如梵王宮。

【解】彌字、是周徧的意思。覆字、【要在右邊上角加一圈、讀否字音。】是蓋在上邊的意思。間字、是中間的意思。梵王、是大梵天上的王。【從我們這個世界、一直上去、有六層天、再上去、又有十八層天、這大梵天、是十八層天裏頭的第三層天、這天上的種種情形、同了下邊一段裏頭的諸天、只要請一本阿彌陀經白話解釋、查查無量諸天大衆俱一句底下的解釋、就都可以明白了。】

【釋】寶樹、上邊已經講過了、現在要講寶網了。這種寶網、都是用極奇妙的眞珠來結成的、把這種珠線、周徧的遮蓋在七重寶樹上邊。每一株寶樹上、都一重一重的蓋上七重珠網。一重一重珠網的中間．有五百億座極奇妙的天華做成功的宮殿．像梵天王王宮那樣的美麗莊嚴。

諸天童子．自然在中。一一童子．五百億釋迦毗楞伽摩尼．以爲瓔珞。

【解】童子、是八歲以上二十歲以下男孩子的總名。自然、是沒有一些些勉强的意思。釋迦毗楞伽摩尼．是梵語翻譯中國文釋迦毗楞伽．是能勝兩個字．就是能够勝過的意思。摩尼、是一種寶珠。

【釋】一層一層天上的童子．都是自然得很舒服得很的．住在這奇妙天華的宮殿裏頭．享受種種的快樂。一個一個的童子．各各有五百億顆勝過世界上所有一切珍寶的寶珠．做他們挂在頸項裏頭的瓔珞。

其摩尼光．照百由旬。猶如和合百億日月．不可具名。

【解】猶如兩個字、有譬如同了相像兩種的意思。具字、是完全的意思。

【釋】摩尼寶珠的光．可以照到一百個由旬那樣的遠。【一百個由旬．是四千里路。】譬如像一百億個日．一百億個月和合攏來那樣的光明。不能夠一樣一樣都說出名目來了。

衆寶閒錯。色中上者。此諸寶樹．行行相當．葉葉相次。於衆葉閒．生諸妙華。華上自然有七寶果。一一樹葉．縱廣正等二十五由旬。

【解】相當、是相對的意思。相次、是有次序的意思。縱、是直裏。廣、是橫裏。等字、是一樣的意思。

【釋】摩尼寶珠的光裏頭．還有種種的珍寶．夾雜在裏頭哩。這種珍寶的顏色．都是顏色裏頭最上等的．沒有比這種顏色更加好的了。這樣許多的寶樹．一行一行．排列得很齊整．每一株寶樹上的許多葉．又一瓣一瓣．隔離得很有次序．一些不雜亂的。在許多葉的中間．又生出各種奇妙的華來。華上邊自然結成各種的果．這樣果也都是七種珍寶合成功的。一瓣一瓣樹葉、直裏的長、橫裏的闊、恰正一樣、都是二十五由旬。一瓣樹葉、竟然大到直裏橫裏都有一千里路、那麼的大、這眞是佛的境界、決不是凡夫的心量所能够想得到的。

其葉千色。有百種畫、如天瓔珞。有衆妙華、作閻浮檀金色。如旋火輪、宛轉葉間。涌生諸果、如帝釋缾。有大光明、化成幢旛無量寶蓋。

【解】閻浮檀、是一條河的名目。檀、是梵語、就是中國的河字。因爲這條河、在閻浮樹下邊的、所以就叫閻浮檀。這條河出黃金的、就叫閻浮檀金。旋字、是旋轉的意思。涌字、同了湧字一樣的。缾字、同了瓶字一樣的。旛、是用一幅很長的綢、【旛字、讀做番字音。】一頭縛在木竿上邊、一頭放他掛下來、這樣東西、就叫旛。也有在幢的木竿上、掛一幅旛、就叫幢旛。寶蓋、同了傘差不多的。

【釋】這種樹葉的顏色、又是各各不同的、有一千種的多哩。葉上邊還現出種種的畫來．有一百種的多．有像天上的瓔珞那樣的。又有許多奇妙的華．都是像閻浮檀金一樣的顏色。會像火輪盤那樣的旋轉．婉婉轉轉在葉的中間。還會生出各種的果來．像忉利天上帝釋的寶瓶．要什麼．就會湧出什麼來的。這種瓶有很大的光明．變化成功像供在佛面前的寶幢寶旛．無量數的寶蓋。

是寶蓋中．映現三千大千世界．一切佛事。十方佛國．亦於中現。

【解】是字、是這個的意思。就是指上邊化成的無量寶蓋。映字、是映照出來。現字、是顯現出來。諸佛教化衆生．救度衆生．同了修行人的念誦經咒禮拜諸佛．都可以叫佛事的。佛國、是佛所住的國土。同了佛所教化的國土．都可以稱佛國的。

【釋】在無量數的寶蓋裏頭．映現出三千大千的世界來。【每一個世界．直裏講起來．從阿鼻地獄起．一直經過我們這個娑婆世界．再上去到色界第三層的大梵天．在這個裏頭有一個日一個月一座須彌山．日同了月．都在須彌山的山腰周圍行的．照橫裏講起來．在須彌山的外邊．有香水海．再外邊．有七座金山．每一座金山．隔一道香水海．總共有七座金山．七道香水海．第一座金山．比須彌山一半的高．第二座．比第一座一半的高．每向外一座．高就減少一半．第七座金山的外邊．有一道鹹水海．再外邊．就是鐵圍山．這樣許多的天．許多的山．許多的海．叫一個世界．這樣的一千個世界．叫一個小千世界．一千個小千世界．叫一個中千世界．一千個中千世界．叫一個大千世界．也叫一個佛土．因爲有小千中千大千三個千的數目．所以叫三千大千世界。】在三千大千世界裏頭．所有佛做的教化衆生．救度衆生的一切事情．都能顯現出來。十方諸佛的國土．也都在無量數的寶蓋裏頭顯現出來。

見此樹已．亦當次第一一觀之。觀見樹莖枝葉華果．皆令分明。是爲樹想．名第四觀。

【解】莖、就是樹梗．也可以說是大的樹枝。【莖、是大的枝．枝、是小的莖。】

【釋】已經看到了這種寶樹．也應當順了次序．一株一株的觀想過去．不可以前後顛倒。先觀想樹身．再觀想樹梗、樹枝、樹葉．同了開的華．結的果。都要觀想得淸淸楚楚．明明白白。這樣的觀想．就是樹想．名目叫第四觀。

次當想水。欲想水者．極樂國土．有八池水。一一池水．七寶所成。其寶柔輭．從如意珠王生。

【解】柔字、是輭同了和順兩種意思。如意珠王、是如意珠裏頭最好的珠．所以稱王。有的說到了佛法滅的時候．所有佛的舍利．都變成如意珠的。也有說這種珠．是生在身長二十八萬里摩竭大魚腦裏頭的。

【釋】寶樹觀想淸楚後．應該要想水了。這個水．同了第二觀的水．不一樣的。第二觀的水．是平常的水。這個水．是極樂國土的八功德池裏頭的水。爲什麼叫做八功德池水呢．因爲極樂國土．有一種池．是往生極樂國土的人．在那個池裏頭洗澡的。這樣的池．在極樂國土很多很多的。並是很大很大的．最大的池．竟然有一千個由旬那麼大。池裏頭的水．不但是要他多就多．要他少就少．要他熱就熱．要他冷就冷．要他到身上來．就會到身上來．要他到腿上來．就會到腿上來．只要洗澡的人動什麼念頭．水就會隨了你的念頭轉變．使得你生歡喜心的。並且還有八種特別的好處。第一是澄淨．就是澄淸潔淨．沒有一些些垢穢的。第二是淸冷．就是淸淨溫凉．沒有一些些昏沉煩躁的。第三是甘美．就是水的味有一種很好的甜味。第四是輕輭．就是水的性質．又輕又輭的。我們世界上的水．只能够向下流．這種水還會向上流的。第五是潤澤．就是滋潤光滑．不論喝下去．或是洗了澡．都能够有益人的身體的。第六是安和．就是安穩和平．池雖然這樣的大．但是沒有波浪的．所以在這種池裏頭洗澡．是很安穩舒服的。第七是除患．【患字、是害的意思。】就是喝了這種水．不但是能够除去渴．還能够除去餓的。第八是增益．就是喝了這種水．或是在這種水裏洗了澡．可以增加人的善根．使得人身體安樂．心念淸淨的。有這樣八種的好處．所以叫八功德水。並且一個一個池裏頭的水．也都是七種珍寶變化成功的。

這七種的寶都是很柔和輭糯的都是從如意珠王生出來的。

分爲十四支。一一支作七寶妙色。黃金爲渠。渠下皆以雜色金剛。以爲底沙。

【解】支字、同了樹枝的枝字差不多的。枝是從樹身上生出來的。支是從水的源頭上分出來的。渠、是水聚集的地方。就是小河。

【釋】八種的功德水。分開了十四支。一支一支。都變化了七種珍寶的奇妙顏色。各處聚水的渠都是黃金的。渠的底下。又都是五彩合成了彩色的金剛。做水渠底下的沙泥。

一一水中。有六十億七寶蓮華。一一蓮華。團圓正等十二由旬。

【解】團字、同了圓字一樣的意思。

【釋】一支一支的水裏頭。都有六十億朵七寶合成的蓮華。一朵一朵的蓮華。團團圓

圓、恰好有十二由旬那麼的大。【十二由旬、是四百八十里。】

其摩尼水、流注華間、尋樹上下、其聲微妙、演說苦空無常無我諸波羅蜜。

【解】摩尼水、是放了摩尼寶珠在水裏頭、水就變成非常的淸潔、所以叫摩尼水。注字、有灌同了放兩種的意思。尋字、同了循字一樣的、有依順跟隨兩種的意思。微字、有細小同了雅緻兩種的意思。波羅蜜、是梵語、翻譯中國文、波羅、是彼岸二個字、蜜、是到的意思、就是從這邊苦惱的岸上、度到那邊安樂的岸上去。所以六波羅蜜、也可以叫六度。

【釋】寶池裏頭的寶珠水、都會流到灌到蓮華上去的、並且還會沿了華梗、上去下來。這種水的聲音、又很微細、很奇妙。並且還能夠講演苦、空、無常、無我、同了各種波羅蜜。波羅蜜、有六種。六波羅蜜、第一是布施。【梵語叫檀那波羅蜜。】布施的布字、是分散的意思。施字、是拿我自己的東西、給旁人。布施有法施、財施、無畏施、三種。法施、是把佛法來勸化人．這是功德最大的。財施、是把銀錢物品來布施給旁人。無畏施、是旁人有危險懼怕的事情．我去安慰他．幫助他使得他安安穩穩過日子。第二是持戒。【梵語、叫尸羅波羅蜜。】持戒、就是守戒。在家人不論男女都應該要守五戒。男出家人守二百五十戒。女出家人守五百戒。第三是忍辱。【梵語叫羼提波羅蜜。】忍、是忍耐。辱、是被人蹧蹋。不論什麼人蹧蹋我．欺侮我．壓迫我．毆打我．都要忍耐．不同他計較。第四是精進。【梵語叫毘梨耶波羅蜜。】精進、是不論修什麼法．做什麼事．都要盡自己的力量．向前上進．不肯退後。第五是靜慮。【梵語叫禪波羅蜜。禪字、完全說起來是禪那兩個字。】靜字、是停止散亂的心。慮字、是想念眞實的道理。第六是智慧。【梵語叫般若波羅蜜。】智字、是能夠明了一切諸法。慧字、是能夠斷絕一切迷惑。同了世俗所說的聰明是兩樣的。聰明可以做好事情．也可以做壞事情。智慧是只會走正路．不會走邪路的。上邊所說苦、空、無常、無我、六波羅蜜等．種種的法．種種的理．都是摩尼水的聲音變化出來的。大家想想看．彌陀經上說西方極樂世界的種種鳥．都會演講佛法的．大家聽了已經覺得稀奇到了不得．現在竟然水也會演說佛法了．恐怕不論那一個佛土．都沒有像極樂世界那樣奇妙的麼。

復有讚歎諸佛相好者。

【解】復字、同了又字一樣的意思。相字、是佛身上的各種相。

【釋】做偈頌來讚佛．還嫌讚不完全．再用言語來讚歎佛的身相．雖然有許多微細奇妙的相．但是看起來還是明明了了．很容易分別清楚的．這種相．叫大相。也有很細小的相．看起來覺得很可愛的．使人生歡喜心的．叫好．也可以叫小相。這種好．能夠莊嚴大相．使得大相更加好看的。講到佛的化身．【佛有三身．就是法身報身化身三種．化身也叫應身．佛到了要救度衆生勸化衆生的時候．就化現這種身相．到各處世界上去接引衆生．這三身的詳細解釋．在阿彌陀經同了朝暮課誦卷首兩種白話解釋裏頭．都有的。】就有三十二種相．八十種隨形好。佛各有不同的相．不同的好．像阿彌陀佛就有八萬四千種相．一種一種相裏頭．又各有八萬四千種隨形好。

如意珠王．涌出金色．微妙光明。其光化爲百寶色鳥．和鳴哀雅．常讚念佛念法念僧。是爲八功德水想．名第五觀。

【解】鳴、就是鳥叫。和鳴、是鳥的聲音．很和善的意思。哀雅、是聲音有些悲哀．又很雅致的意思。這個念字、不是念誦意思．是想念的意思。

【釋】從如意珠王中間．會湧出顏色像黃金那樣．又微細、又奇妙、的光明來。這種光、又會變化成功一種鳥。這種鳥的顏色．更加奇妙了．竟然是百種珍寶合成功的那種顏色。這種鳥鳴的聲音．不但是又和善、又悲哀、又雅致。並且聲音裏頭．還會常常稱讚想念佛法僧三寶的功德．使得聽到這種鳥聲的修行人．也自然都會生出記念佛、記念法、記念僧的心來。大家想想看．西方極樂世界這樣的水．這樣的鳥．奇妙不奇妙呢。前第二觀想水．是因爲要觀想地．先從冰觀想起．要觀想冰．又先從觀想水起．這是一步一步的向前進的方法。現在第五觀．確實的要觀想水了．但是因爲同了第二觀．一樣是水觀．所以立一個八功德水的名目實在還是水想．不過改稱了八功德水想．就叫第五觀。

衆寶國土．一一界上．有五百億寶樓。其樓閣中．有無量諸天．作天伎樂。

【解】伎字、同了技字差不多的．是一種伎藝。天伎樂、是天上一種很好聽的樂．都是天女在那裏吹彈的。作字、就是吹的吹、彈的彈、敲的敲。

【釋】有各種珍寶合成的國土．在東南西北四方的邊界上．【邊界、是極樂國土同了別的國土分界的邊上。】都有五百億座珍寶合成的樓。在各座樓同了再上的閣裏頭．有無量數天上的天女．各各在那裏作天上的伎樂。

又有樂器．懸處虛空．如天寶幢．不鼓自鳴。此衆音中．皆說念佛念法念比丘僧。

【解】幢的竿上邊．用如意寶珠來裝飾的．【如意寶珠、就是摩尼珠。】所以稱寶幢。天是最高、最勝、最奇、最妙的．所以印度國的習慣．凡是最好的物品．都在名目上加一個天字．像天衣、天香、天華、天樂、等等都是的．這裏寶幢上邊．加一個天字．也是稱讚這個寶幢特別好的意思。

【釋】又有種種的樂器．宕在虛空裏頭．像天寶幢那樣的。不消有人去敲他、彈他．都會自然發出音聲來的。在發出的種種音聲裏頭．也像水那樣的．都會演說想念佛法僧三寶的．使得聽到的修行人．都能夠隨順他們的根機．【譬如大乘根機的人．就聽到說修大乘的種種法．小乘根機的人．就聽到說修小乘的種種法。〇佛菩薩、是大乘。緣覺聲聞、是小乘。】得到無窮無盡的利益。

此想成已．名爲麤見極樂世界寶樹、寶地、寶池．是爲總觀想．名第六觀。

【解】麤見、是看見極樂世界約畧的景象．不是明細的景象。總觀想、是極樂世界的樹呀、地呀、池呀、都大畧觀想到了．所以說是總觀想。

【釋】極樂世界的許多許多珍寶合成的樓閣．雖然也觀想到了．但是只觀想到了極樂世界的寶樹、寶地、寶池、的約畧景象。這種觀想．可以說是總的觀想．還有許多許多明細的景象還沒有觀想到．所以只能夠叫做麤見．這就叫第六觀。

若見此者．除無量億刧極重惡業．命終之後．必生彼國。作是觀者．名為正觀。若他觀者．名為邪觀。

【解】終、是完盡的意思。命終、就是壽命完盡．死的時候。

【釋】若是見到上邊所說的寶樓閣、寶樹、寶地、寶池、的修行人．可以除滅無量億劫極重的惡業。惡業是很不容易除滅的．何況重惡業．何況極重的惡業。一劫的年期．已經長久到不得了．何況億劫．何況無量數的億劫。觀想的力量．大到還可以說麼。不但是可以除滅無量億劫的極重惡業．並且這個修行人．到了壽命完盡後．還一定能夠生到極樂世界去哩。吾們修行的大衆．若是還不照了佛所說的觀想法門．趕緊定心的修．怎麼對得住佛的大慈大悲心呢。能夠照這樣的觀想法．纔可以叫做正觀。若是照了他種的觀想．就叫做邪觀．邪觀是萬萬不可以學的。

佛告阿難．及韋提希。諦聽諦聽．善思念之。吾當爲汝分別解說除苦惱法。汝等憶持．廣爲大衆．分別解說。

【解】善字、是好好的．切切實實的意思。汝等、是你們的意思．就是指阿難同了韋提希二人。

【釋】佛救度衆生的慈悲心．又深又切．前邊所說種種觀想的境界形相．還是麤的．現在要說到微細的境界形相．那就一定要心思安定念頭沉靜．纔能夠切實的觀想．所以佛又警切的囑咐阿難．同了韋提希。要他們切切實實的聽佛所講的佛法．連說兩聲諦聽．是切實又切實．警告又警告的意思。你們要好好的想．切切實實的念。吾現在把除滅苦惱的法門．一種一種分別解說給你們聽。你們一定要牢牢記住．向大衆分別解說．使得所有各世界的衆生．都能夠聽明白．依佛所說的法門去修學。這是佛的大慈悲心．要所有一切的衆生．都修這種觀想法門．將來都能夠生到極樂世界去。

說是語時．無量壽佛．住立空中。觀世音、大勢至、是二大士．侍立左右。光明熾盛．不可具見。百千閻浮檀金色．不得爲比。

【解】是語、是這些話．就是前邊向阿難等說的話。是二大士的是字、是這兩尊大士的意思．就是指觀世音大勢至兩尊大士。大士、是大菩薩的普通稱號。熾盛、是像火那樣旺的意思。具字、是完全的意思。

【釋】佛說上邊幾句話的時候．無量壽佛停住了．立在虛空中間。觀世音、大勢至、兩尊大菩薩．陪侍了無量壽佛．觀世音菩薩立在佛的左邊．大勢至菩薩立在佛的右邊。全身顯出來的光明．非常的亮．非常的旺．兩眼竟然不能夠睜開來看．所以也不能夠完全看到了。這種光明、那怕有數百數千閻浮檀金的顏色、也不能够拿來比的。阿彌陀經上說過的阿彌陀佛的光明、本來是無量的、那末當然什麼光、都比不上的了。

時韋提希見無量壽佛已、接足作禮。白佛言、世尊、我今因佛力故、得見無量壽佛及二菩薩。未來衆生、當云何觀無量壽佛及二菩薩。

【解】已字、是已經的意思。白佛言、同了因佛力故、兩個佛字、都是指釋迦牟尼佛。

【釋】韋提希已經見到了無量壽佛、立刻向釋迦牟尼佛、把自己的頭面、接住了佛的兩足、向佛行禮。並且向佛說道、世尊呀、我現在因爲依靠佛力的緣故、能够見到無量壽佛同了二大菩薩。但是未來的衆生、也都願意見到無量壽佛同了二大菩薩的、他們用什麼方法、可以見得到呢。

佛告韋提希、欲觀彼佛者、當起想念、於七寶地上、作蓮華想。令其蓮華、一一葉上、作百寶色。有八萬四千脈、猶如天畫。脈有八萬四千光、

了了分明皆令得見。

【解】彼佛、就是說無量壽佛。脈、就是葉上的筋．像紋路那樣的。天畫、是天上奇妙的畫．不是人的世界上所有的。

【釋】佛告韋提希道．要看到無量壽佛的修行人．還是應該提起修觀想的法門．在極樂世界七寶合成的地上．提起觀想蓮華的念頭來。使得這種蓮華的一瓣一瓣葉上邊．都變成百種珍寶的顏色。每瓣葉上有八萬四千條筋脈．像天上奇妙的畫那樣的。每一條筋脈上．都能夠發出八萬四千道光來．都是很清清楚楚明明了了的。像這樣種種的景象．都要使得修行的人．完全見到。

華葉小者．縱廣二百五十由旬。如是蓮華．具有八萬四千葉。一一葉間。有百億摩尼珠王．以爲映飾。一一摩尼珠．放千光明。其光如蓋．七寶合成。徧覆地上。

【解】蓋、像傘差不多的．張在佛頂上面虛空裏頭．防有灰塵沙泥．吹到佛身上去用的。

【釋】小的蓮華葉．直裏橫裏．都有二百五十由旬那麼大。【一由旬四十里．二百五十由旬．竟有一萬里路那麼大．小的蓮華葉．已經這樣的大．那末大的蓮華．還了得麼。極樂世界的景象．不要嚇壞我們這些心量小．眼孔淺的凡夫麼。】像這樣大的蓮華．每一株上．都有八萬四千瓣大葉。在一瓣一瓣葉的中間．都有一百億顆摩尼寶珠．【摩尼珠、是各種珠裏頭最好的珠．所以稱珠王。】映照這株蓮華．裝飾這株蓮華。一顆一顆摩尼寶珠．各各放出一千道的光明來。這種光．像佛頂上的寶蓋一樣．也是七寶合成的．周徧的遮蓋在地上的蓮華上邊。

釋迦毗楞伽寶．以爲其臺。此蓮華臺．八萬金剛甄叔迦寶．梵摩尼寶．妙眞珠網．以爲校飾。

【解】釋迦毗楞伽寶．就是前邊有過的釋迦毗楞伽珠。臺、就是蓮華的座子。甄叔迦寶、是梵語．翻譯中國文．叫赤色寶。因爲這種寶．同了甄叔迦樹的華．一樣是赤顏色的．所以就叫甄叔迦寶．有些像赤琉璃．形狀像人的手。加金剛兩個字．是格外好的意思。梵字、本來是淸淨的意思。因爲摩尼寶珠．是很潔淨的．沒有一些垢穢的．所以叫摩尼寶。

【釋】釋迦毗楞伽寶．做蓮華的座子。這種蓮華的座子．有八萬金剛．八萬甄叔伽寶．八萬梵摩尼寶．同了很奇妙的眞珠結成的珠網．做蓮華臺座子的裝飾品。【飾字上邊的一個校字．查慧琳音義上．是一個紋字．也是裝飾的意思。慧琳音義．是一部講佛法的書名。】

於其臺上．自然而有四柱寶幢。一一寶幢．如百千萬億須彌山。幢上寶幔．如夜摩天宮。復有五百億微妙寶珠．以爲映飾。

【解】幔、就是幕．像現在戲臺上所用的幕一樣。的我們頭頂上的忉利天．是第二層天．再上去一層．就是夜摩天。

【釋】在這個蓮華臺上．自然而然四角有四支像臺柱那樣的寶幢。一支一支的寶幢．像百千萬億須彌山那樣的高大。寶幢上面．還各有七寶合成的幔．莊嚴燦爛．像夜摩天上的天宮一樣的．時時刻刻受到種種的快樂。還有五百億精巧奇妙的寶珠．映照在這種蓮華臺上．做蓮華臺的裝飾品。

一一寶珠．有八萬四千光。一一光．作八萬四千異種金色。一一金色．偏其寶土．處處變化．各作異相。

【解】異種、不是平常的種類．是特別的種類。異相、不是平常的形相．是特別的形相。

【釋】一顆一顆的寶珠各各有八萬四千道的光。一道一道的光．各各現出八萬四千特別種類的金色來。一種一種的金色．都普偏的照在極樂世界各種珍寶的國土上邊。凡是光照到的地方．沒有一處不變化成種種特別的形相。

或爲金剛臺．或作眞珠網．或作雜華雲．於十方面．隨意變現、施作佛

事。是爲華座想．名第七觀。

【解】雜華、是各種華都有．不是一種華的意思。華座、是各種珍寶的華．裝飾成無量壽佛所坐的寶座。

【釋】上邊所說變化成功各種特別奇異的形相．變化了些什麼呢．或是變化成了金剛造成的臺．或是變化成了眞珠結成的網．或是變化成了各種各樣各色的華．多到像天上的雲．在極樂世界的十方．隨便變現出種種的佛事來．施給衆生．衆生是怎樣的根機．就變現怎樣的佛事．使得衆生都能够得到佛法的利益．這就是第一波羅蜜的法施．所以叫施。這種觀想．就是華座想．叫第七觀。

佛告阿難．如此妙華．是本法藏比丘願力所成。

【解】法藏、是無量壽佛在做比丘修行時候的法名。

【釋】上邊佛說的一大篇話．都是向阿難同了韋提希說的．從這裏起．又專門囑咐阿難的話了。無量壽佛在出家做比丘修因的時候、【修因、就是修成佛的因、修了成佛的因、纔能夠結成佛的果。】名叫法藏、在世自在王佛面前、發過四十八個大願、【四十八個大願、在無量壽經裏頭的、很長很長的、這裏不能夠講了。我把這部觀無量壽佛經解釋完了、就要用白話來解釋無量壽經了。】四十八個大願裏頭、有一個大願、是要修成一個清淨莊嚴、只有樂、沒有苦的世界、若是修不成這種世界、就不願成佛、因為無量壽佛發過這樣的大願、現在無量壽佛已經修成佛了、極樂世界也在西方顯現了、所以說韋提希所觀想到的這種奇妙的蓮華、是無量壽佛在做法藏比丘的時候、發了大願的力量所莊嚴成功的。

若欲念彼佛者、當先作此華座想。作此想時、不得雜觀。皆應一一觀之、一一葉、一一珠、一一光、一一臺、一一幢、皆令分明。如於鏡中、自見面像。

【解】念彼的念字、是觀看想念的意思。彼佛、就是說佛。雜觀、是一面在觀想．一面是夾雜他種雜念在心裏頭。

【釋】若是要觀想無量壽佛的修行人．應該先要照上邊所說種種觀想華座的法門．去切切實實的觀想。在觀想華座的時候．一定要專心的觀想．不可以夾雜別種亂念頭進去的。倘然有了一些些不小心．不謹愼這個觀想就不成功了。並且在觀想到所有顯現出來的景象．都要一種一種的詳細觀想。一瓣一瓣的華葉．一顆一顆的眞珠．一道一道的光明．一座一座的華臺．一支一支的寶幢．都要依了見到先後的次序．一種一種的觀想過去．要觀想到淸淸楚楚．明明白白．沒有一些的模糊。像在明亮的鏡子裏頭．自己照到自己的面相那樣．纔算觀想成功了。

此想成者．滅除五萬億劫生死之罪．必定當生極樂世界。作是觀者．名爲正觀。若他觀者．名爲邪觀。

【解】此想、是指上一節的觀想華座。一億、照最小的說法．是十萬。五萬億、就是五十萬萬。

【釋】沒有了脫生死的衆生．都是永遠在六道輪迴裏頭轉的．這一世生在這一道．下一世又生到那一道去了．在那一道死了又生到旁的一道去了．像這樣的生了又死．死了又生．生的苦．死的苦．永遠受下去．沒有停歇的時代．現在華座的觀想成功了．那就可以滅除五萬億劫、那麼長時期所造生生死死的罪．就是滅除了五萬億劫生生死死的苦了。罪滅了．福就生了．塵垢去了．光明就生出來了．所以這個修行人．就一定可以生到極樂世界去了。因爲這是一定的道理．一定的因果．【因果的因字、本來是種子的意思．因果兩個字．是種了什麼因．就結什麼果的意思。現在修各種的觀想法．就是種往生極樂世界的因。華座的觀想修成了．就是種了往生極樂世界的因了。那就一定能夠往生極樂世界了．所以說是一定的道理．一定的因果。】不可以疑惑的．所以說是必定。修行人能夠照這樣的觀想．纔叫正觀。若是有別種的觀想．就叫邪觀。前邊第三觀說觀地成了、除八十億劫生死的罪、現在說第七觀成了、就可以滅除五萬億劫生死的罪、竟然加了六百多倍、那是功夫深了、功德厚了的緣故。

佛告阿難、及韋提希、見此事已、次當想佛。所以者何、諸佛如來、是法界身、入一切衆生心想中。是故汝等心想佛時、是心卽是三十二相、八十隨形好。是心作佛、是心是佛。諸佛正徧知海、從心想生。

【解】此事兩個字、是說前邊華座的種種景象。法界身、就是佛三身裏頭的法身。在佛經裏頭、不論什麼事情、不論什麼東西、只要有名目可以叫、就都可以稱做法的、所以佛的身、就可以稱做法身。所有一切的法、各有各的本體的、但是分界又各各不相同的。【分界、是各種界限的意思。】所以叫做法界。又衆生的心、能夠生世間出世間一切法來的、【世間、是衆生的世界、出世間、是佛菩薩的世界。】所以衆生的心法、可以叫法界。從法界心生出萬法的佛身、也就可以稱法界身。隨形好、是把三十二相、細細分別起來、還有八十種的好．都是跟隨了三十二種的好形相現出來的．所以叫隨形。

【釋】佛又囑咐阿難同了韋提希道．修行人已經觀想到了華座．就應該要觀想佛的身相了。為什麼就要觀想佛的身相呢．因為諸佛都是法界身．都就在衆生的心想裏頭的。所以你們心想佛的時候．你們的心就同了佛一樣的．有三十二種好相的．【三十二相．一、是安平相．足底下沒有凹下去的地方．二、是千輻輪相．足底下有一千輻像輪盤那樣的形相．三、是手指纖長相．手指又細又長．四、是手足柔軟相．手同了足．都是軟的．不硬的．五、是手足縵網相．手足的指．同了指的中間．有紋路連絡起來．像網那種樣的．六、是足跟滿足相．足跟圓滿．沒有凹下去的地方．七、是足趺高好相．趺是足背．足背高起圓滿．八、是腨如鹿王相．腨是股上的肉．圓滿像鹿王的股肉．九、是手過膝相．兩手長過膝蓋．十、是佛的男根縮在身體裏頭．像馬那樣的．十一、是身縱廣相．就是身體的高．同了伸直兩臂的長一樣的．十二、是毛孔生青色相．一根一根毛的孔裏頭．都生一根青色的毛．齊整不雜亂的．十三、是身毛上靡相．靡字、是倒下伏下的意思．身上汗毛的頭．都是靠右邊伏倒的.十四、是身體完全是金色的.十五、是常光一丈相.身上放出光來.四面都是一丈.十六、是皮膚又細又軟又滑.十七、是七處平滿相.兩足下、兩手掌、兩肩、同了頭頂上、都是又平又滿.沒有低陷下去的.十八、是兩腋滿相.腋是兩肩的底下.都滿的.十九、是身如獅子相.身體平正威儀嚴肅.像獅子王那樣的.二十、是身端直相.身形端正.不傴曲.二十一、是肩圓滿相.兩肩圓滿.不高聳.也不塌下.二十二、是四十齒相.牙齒有四十個.我們凡夫.最多不過三十六個.二十三、是齒色潔白清淨齊整.堅牢緊密.二十四、是四牙白淨相.有四顆牙.特別的白.特別的大.二十五、是頰平如獅子相.頰、就是面頰.兩頰高滿.像獅子的面頰那樣的.二十六、是咽中津液得上味相.咽喉中間.常常不斷的生出津液來.吃下去的東西.可以生出上等的味來.二十七、是廣長舌相.舌又闊又長.又細薄.又柔軟.伸開來可以蓋到頭髮邊.二十八、是梵音深遠相.聲音清淨.並且遠地方也能夠聽到.二十九、是眼色如紺青相.紺青是青色裏頭帶些紅色.兩眼的顏色.是又紅又青的.清淨明亮得很.並且很大的.三十、是眼睫如牛王相.眼睫、就是眼毛.特別的好.像牛王的眼毛那樣的.三十一、是眉間白毫相．兩眉中間．有一根白毛．向右邊旋轉的．像有五座須彌山那麼大．常常放出光來的．三十二、是頂成肉髻相．頭頂上有肉高起來．像髮髻那樣的。】還有八十種跟隨了三十二種好形相來的好。【一、無見頂相．二、鼻高不現孔．三、眉如初月．四、耳輪垂埵．五、身堅實如那羅延．六、骨際如鉤鎖．七、身一時迴旋如象王．八、行時足去地四寸而現印文．九、爪如赤銅色薄而潤澤．十、膝骨堅而圓好．十一、身清潔．十二、身柔軟．十三、身不曲．十四、指圓而纖細．十五、指紋藏覆．十六、脈深不現．十七、足踝不現．十八、身潤澤．十九、身自持不逶迤．二十、身滿足．二十一、容儀備足．二十二、容儀滿足．二十三、住處安無能動者．二十四、威振一切．二十五、一切衆生見之而樂．二十六、面不長大．二十七、正容貌而面不撓．二十八、面具滿足．二十九、唇如頻婆果之色．三十、言音深遠．三十一、臍深而圓好．三十二、毛右旋．三十三、手足滿足．三十四、手足如意．三十五、手文明直．三十六、手文很長．三十七、手文不斷．三十八、一切惡心之衆生．見者和悅．三十九、面廣而殊好．四十、面清淨如月．四十一、隨衆生之意和悅與語．同他們說話．四十二、從身上各處的毛孔裏頭．發出香氣來．四

十三、從口裏發出香氣來．四十四、儀容如獅子．四十五、進止如象王．四十六、行相如鵝王．四十七、頭如摩陀那果．四十八、一切的聲分具足．四十九、牙白利．五十、舌色赤．五十一、舌薄．五十二、毛紅色．五十三、毛軟淨．五十四、眼廣長．五十五、死門之相具．五十六、手足赤白如蓮華之色．五十七、臍不出．五十八、腹不現．五十九、細腹．六十、身不傾動．六十一、身持重．六十二、其身大．六十三、身長．六十四、手足軟淨滑澤．六十五、四邊之光長一丈．六十六、光照體而行．六十七、等視衆生．六十八、不輕衆生．六十九、隨衆生之音聲．不增不減．七十、說法不著．七十一、隨衆生之語言而說法．七十二、發音應衆生．七十三、次第以因緣說法．七十四、一切衆生觀相不能盡．七十五、觀不厭足．七十六、髮長好．七十七、髮不亂．七十八、髮旋好．七十九、髮色如青珠．八十、手足爲有德之相。○這八十種隨形好．若是再加解釋．實在太煩了．並且也沒有什麼大關係．所以只把八十種名目提出來．大家曉得了．就算了．若是一定要曉得明白．可以請一部佛學大辭典來查查．就是了。】你們的心．常常不斷的想念佛．你們的心．就是佛的心了。不偏不邪、叫正。沒有缺少遺漏、叫徧。知字、就是覺悟的意思。佛的說法、沒有一些偏邪的．所以稱做正。佛的智慧、可以周徧用到各處去的．所以稱做徧。迷惑完全破除．煩惱完全清淨．所以稱做覺。佛的正徧覺三種．都是很深切廣大的．所以用一個海字來比喩。像上邊所說的種種．都是從一心想念佛．纔能够生出來的。

是故應當一心繫念．諦觀彼佛多陀阿伽度．阿羅訶．三藐三佛陀。

【解】多陀阿伽度．阿羅訶．三藐三佛陀．都是梵語．翻譯中國文．多陀阿伽度．是如來。阿羅訶．是應供．意思就是應該受一切衆生的供養。三藐三佛陀．是正徧知．這三種．都是佛十種德號裏頭的三種德號。

【釋】因爲上邊所說的種種．都可以像佛一樣．完全是從心裏頭觀想了．纔生出來的．所以應該要一心一意的記住佛．想念佛．切切實實的觀想無量壽佛。能够一心的觀想．就可以觀想到三種德號的佛了。【這種道理．很深的．不容易用白話來講明白的．講得不詳細．就不會明白．要使得看這本白話解釋的男女居士們．都能够明白．又不是十句八句話．能够講明白的．在心經白話解釋裏頭．觀自在菩薩一句底下．因爲要明白這個觀字．所以詳詳細細．講了一大篇一境三諦．一心三觀的道理．可以請一本來看看．那就可以明白了。因爲這裏的觀想無量壽佛．就連帶觀想到了如來．應供．正偏知．就是一心三觀的道理．把一心三觀的道理．用心研究明白了．那就諦觀彼佛多陀阿伽度．阿羅訶．三藐三佛陀的道理．也就可以明白了。】

想彼佛者．先當想像。閉目開目．見一寶像．如閻浮檀金色．坐彼華上。

【解】彼佛、就是無量壽佛。彼華上、是指極樂世界的蓮華上邊。

【釋】觀想無量壽佛的修行人．先應該想佛的像。不論閉了兩眼．或是開了兩眼．都見到一尊珍寶造成了的佛像．佛像的全身．都像閻浮檀金那樣的顏色．這一尊佛像．坐在極樂世界、七寶池裏頭的、寶蓮華上邊。

見像坐已．心眼得開．了了分明．見極樂國七寶莊嚴。寶地．寶池．寶樹．行列。諸天寶幔．彌覆其上．衆寶羅網．滿虛空中。見如此事．極令明了．如觀掌中。

【解】彌字、是遮滿的意思。羅同了網．差不多的。掌、是手心。

【釋】已經看到了佛像坐在那裏．心裏也開發了．眼也開發了．淸淸楚楚．明明白白的．見到極樂世界的地上．完全是七種珍寶莊嚴成功的。七寶的地．七寶的池．七寶的樹．都是一行一行排列得齊齊整整。許多許多像天上那樣好的珍寶合成的帳幔．都遮蓋在寶地、寶池、寶樹、上邊。各種珍寶結成的羅網．像金羅網下邊、掛銀鈴．琉璃羅網下邊、掛瑪瑙鈴．赤珠羅網下邊、掛水精鈴．車磲羅網下邊、掛金鈴．各式各樣好看到了不得。但是觀想這樣的種種奇妙景象．一定要看得很明白．很淸楚．都像就在自己的手心中間一樣。

見此事已．復當更作一大蓮華．在佛左邊．如前蓮華．等無有異。復作

一大蓮華在佛右邊。想一觀世音菩薩像．坐左華座．亦作金色，如前無異。想一大勢至菩薩像。坐右華座。

【解】這裏的此事．是指上邊所說、觀一寶像的種種景象。等字、是一樣的意思。

【釋】已經觀想到了無量壽佛的寶像．在蓮華上邊．同了極樂世界的種種珍寶莊嚴成的種種奇妙景象．都很明白淸楚了。就應該再觀想成一朵很大的蓮華．在佛的左邊．像佛所坐的那朵大蓮華完全一樣．沒有一些的不同。再要觀想成一朵大蓮華．在佛的右邊。又想一尊觀世音菩薩的像．坐在左邊的華座裏頭．也是閻浮檀金一樣的顏色．同了佛完全相同．沒有一些些的兩樣。再想一尊大勢至菩薩的像．坐在右邊華座裏頭。

此想成時．佛菩薩像，皆放光明。其光金色．照諸寶樹。一一樹下．亦有三蓮華。諸蓮華上。各有一佛二菩薩像．徧滿彼國。

【解】佛、是無量壽佛。菩薩、是觀世音大勢至兩大菩薩。

【釋】觀想無量壽佛觀世音菩薩、大勢至菩薩的像都想成了。就可以見到佛同了二尊菩薩的像都放出光明來。這種光、都是金色的。照在許多寶樹上邊。在一株一株的寶樹下邊。也各各有三朵大蓮華。一朵一朵的大蓮華上邊。也各有一尊佛、兩尊菩薩的像。這樣的佛菩薩像。同了寶蓮華。多到無量無邊。周徧佈滿在極樂世界。

此想成時。行者當聞水流光明。及諸寶樹。鳧、雁、鴛鴦。皆說妙法。出定入定。恆聞妙法。

【解】行者、就是修行的人。鳧的形狀、像鴨。【大家叫慣的野鴨。就是鳧。】但是比鴨小。雁的形狀、像鵝。鴛鴦、雄的叫鴛。雌的叫鴦。這三種鳥都是喜歡近水的。定、就是修禪定。入定、是把這個心定住了。一些些念頭都不轉。身業、口業、意業、完全停止。叫入定。不入定了。就叫出定。這是參禪的修行人所做的功夫。恆字、是常常的意思。

【釋】修行人已經把各處大蓮華裏頭．都有一佛二菩薩的像．觀想成功了。應該聽到寶池裏頭水的聲音了．這種水流起來都有光明現出來的。還有許多寶樹．同了寶池裏頭的鳧、雁、鴛鴦、各種鳥．都能夠演說種種最勝最妙的佛法。大家想想看．極樂世界的樹同了鳥．都能夠演講佛法．稀奇不稀奇呢．還有什麼世界．能夠聽到這樣的奇妙事情呢。有人疑惑極樂世界沒有三惡道的．那裏來的鳥呢．要曉得這種鳥．並不是墮落到惡道的鳥．這是佛特地變化出來．幫助佛宣揚佛法．化導往生的人的．像阿彌陀經上．也說彼國常有種種奇妙雜色之鳥．一樣是幫助佛演說佛法．勸化往生的人的。修行的法門多得很．修禪是各種修行法門裏頭的一種．把這個心定住了．所有一切的念頭．完全停止．差不多像已經死了．那種樣子．專門用定的苦功．叫入定．在入定的時候．可以不飲、不食、不睡、不大小便的．出定、是暫時停止入定．就同了平常人一樣了。修行人不但是在入定的時候．能夠聽到寶樹、鳧、雁、鴛鴦、所說的妙法．就是出定的時候．也常常能夠聽到的．所以叫恆聞．恆字、就是常常的意思。

行者所聞。出定之時。憶持不捨。令與修多羅合。若不合者。名爲妄想。若與合者。名爲麤想見極樂世界。是爲像想。名第八觀。

【解】憶字、是記得的意思。憶持、是記住了、不忘掉的意思。修多羅、是梵語。翻譯中國文。是契經兩個字。契字、是合的意思。有兩種說法。一種是合一切法的義理。一種是合一切衆生的根機。經字、也有兩種說法。一種是貫穿一切法。【貫字、同了穿字一樣的意思。因爲如果沒有貫穿的經典。恐怕一切法。就都要散失了。】一種是攝持一切法。【攝字、是收取的意思。持字、是記住的意思。因爲如果沒有攝持的經典。恐怕一切法。就都要隱滅了。】合字、是符合的意思。就是一樣的意思。

【釋】修行人在入定的時候。所聽到的種種妙法。當然能夠記得的。但是在出定的時候。所聽到的。也要都能夠記住。不放他忘掉。並且還要把所聽到的妙法。能夠同了經典相合。沒有一些些兩樣。若是同了經典有不一樣的地方。就叫妄想。【妄想、是虛假的。不是眞實的念頭。】若是同了經典一樣的．就叫麤的觀想到了極樂世界。這就是佛像的觀想叫第八觀。

作是觀者．除無量億劫生死之罪。於現身中．得念佛三昧。

【解】現身、是現在一世的身體．就是在現在的一世。三昧、是梵語．翻譯中國文．是心定不亂的意思。

【釋】能够觀想到像上邊所說種種的景象．就能够除滅無量億劫生生死死的罪業。並且就在現在這一世上．能够得到念佛三昧．就能够除滅種種煩惱．也就能够觀想到佛像了。

佛告阿難．及韋提希．此想成已．次當更觀無量壽佛身相光明。阿難當知．無量壽佛．身如百千萬億夜摩天閻浮檀金色。佛身高六十萬

億那由他恆河沙由旬。

【解】那由他、是一個極大的數目．合我們現在的數目．有說是十萬的．有說是百萬千萬的．實在也說不出一個準確的數目．大約說十萬的恐怕說得太小了。

【釋】佛又囑咐阿難同了韋提希道．觀想一佛二菩薩的像已經觀想成了．就應該觀想無量壽佛身相的光明了。阿難呀你應該要知道無量壽佛的身相．像百千萬億夜摩天上的閻浮檀金那種的顏色。佛身體的高有六十萬億那由他恆河沙由旬。【查先師諦閑老法師所著觀經疏鈔演義裏頭說．凡夫身長七尺．眼長一寸多一些．現在說佛眼像四大海．就照一大海是八萬四千由旬算．四大海應該是三十三萬六千由旬．現在說佛身高六十萬億那由他恆河沙由旬．拿身的數量來比眼的數量．身長過了眼有五十六億倍的多．照身體同了眼比起來．最多算了一萬倍．也不過是六十萬億那由他由旬．斷不會相差有六十萬億那由他恆河沙由旬的多．所以疑惑這恆沙兩個字或者是飜譯這部經的時候譯錯了。

眉間白毫．右旋宛轉．如五須彌山。佛眼如四大海水．青白分明。身諸毛孔．演出光明．如須彌山。

【解】宛轉兩個字、是說眉間的一根白毫．向右邊旋轉的樣子。孔字、就是小的洞眼。演字、是變化的意思。

【釋】阿彌陀佛兩眉的中間．有一根毫毛．是雪白的．所以叫白毫。並且是八角的．中間是空的．有很大的光明的。現在塑的阿彌陀佛像的額上．嵌一顆珠子．就是顯明白這根白毫的地位。這一根毫毛．是向右邊旋轉．盤在兩眉中間．有五座須彌山那樣的大。佛的兩眼．像四座大海的水．青是青．白是白．分明得了不得的。身上四邊各處的毛孔裏頭．會變化出光明來．像須彌山那樣的大。

彼佛圓光．如百億三千大千世界。於圓光中．有百萬億那由他恆河沙化佛。一一化佛．亦有衆多無數化菩薩．以爲侍者。

【解】圓光、是從佛菩薩頭頂上．放出像車輪那樣圓的光。化佛化菩薩．都是佛菩薩用神通變化出來的。侍者、是侍候的菩薩。

【釋】無量壽佛頭頂上的圓光．像百億個三千大千世界那麼的大。在這種圓光中間．有百萬億那由他恆河沙化佛。一尊一尊化佛的左右兩邊．也各各有化成的許多許多觀世音菩薩．同了許多許多大勢至菩薩．做侍候無量壽佛的人。

無量壽佛．有八萬四千相。一一相中．各有八萬四千隨形好。一一好中．復有八萬四千光明。一一光明．偏照十方世界念佛衆生．攝取不捨。

【解】不捨、是不放棄的意思。

【釋】無量壽佛有八萬四千種的好相。一種一種的好相裏頭．又各有八萬四千種的隨形好。一種一種的隨形好裏頭．又各有八萬四千道的光明。一道一道的光明周徧照到十方世界的念佛衆生。阿彌陀佛．都要接引他們．不肯放棄他們的。

其光相好．及與化佛。不可具說。但當憶想，令心眼見。見此事者。卽見十方一切諸佛。以見諸佛故．名念佛三昧。

【解】心眼、是心裏頭的眼．不是面上的眼。心裏頭的眼．實在就是心裏頭的光。【心裏頭的光本來個個人都有的．因爲被虛假的亂念頭遮蓋住了．所以心光就發不出來了．只要心思淸淨鎭定．心光就會發現了。】修觀想全靠這個心光．纔能夠修成．萬萬不可以不注意的。三昧、是梵語．翻譯中國文．是正定兩個字。正、是不偏不邪。定、是不散不亂。

【釋】無量壽佛八萬四千種的光明．八萬四千種的相好．八萬四千種的隨形好．同了無數的化佛．無數的化菩薩．像這樣種種特別的景象．很多很多．不能夠完全說了。只能够一心一意的觀想．要觀想到不但是肉眼能够見到．也要使得觀想人的心眼．也能够見到．那就是十方一切諸佛．也都見到了。因爲能够見到了十方諸佛的緣故．那就觀想的功夫深了．這個心能够不偏不邪．不散不亂了．所以就可以稱念佛三昧了。

作是觀者．名觀一切佛身。以觀佛身故．亦見佛心。佛心者．大慈悲是。以無緣慈．攝諸衆生。

【解】無緣慈、也可以說無緣慈悲。【慈字、是拔去苦的意思．悲字、是把樂施給人的意思。】佛看出衆生來．一律平等的．一律都要救度的．沒有分別的．所以沒有對了這個衆生．是有緣的．要救度的．對了那個衆生．是沒有緣的．不要救度的．佛的心最慈悲．所有的一切衆生．都要使得他們、受到拔去苦、得到樂的利益．所以叫無緣慈．也可以叫無緣慈悲。

【釋】能够照這樣的觀想．就叫觀想到了一切佛身。因爲觀想到了一切佛身的緣故．

也就可以見到一切佛的心了。佛身本來是從佛心顯現出來的．修行人已經見到了佛身．所以佛就使得他們也見到佛的心。佛的心是什麼呢．就是大慈悲心。佛就用了無緣慈悲的心．來普徧的攝引一切衆生。

作此觀者．捨身他世．生諸佛前．得無生忍。是故智者．應當繫心．諦觀無量壽佛。

【解】捨身、是把這個身體捨棄了。繫字、是縛住的意思。繫心、是縛住這個心．不放他散到別處去。

【釋】能够觀想到佛身．還能够觀想到佛心．是觀想已經有些功夫了．要見佛的願心．也已經發得大了。等到在這一世上．捨棄了這個身體．到後來的那一世去．就可以生在諸佛的面前．就能够得到不生不滅的地位．安住不動心了。所以有智慧的修行人．應該把這個心．完全着牢在觀想上邊．切實淸楚的觀想無量壽佛。

觀無量壽佛者。從一相好入。但觀眉間白毫。極令明了。見眉間白毫相者。八萬四千相好。自然當現。見無量壽佛者。卽見十方無量諸佛。得見無量諸佛故。諸佛現前授記。是爲徧觀一切色身相。名第九觀。作是觀者。名爲正觀。若他觀者。名爲邪觀。

【解】授記、是菩薩修行的功夫。已經差不多圓滿了。佛就當了大衆的面前。記他成佛後的名號。成佛後到那一個國土去做教主。勸化衆生。救度衆生。

【釋】要切實淸楚的觀想無量壽佛。應該怎樣的觀想呢。應該在佛的八萬四千種相。八萬四千種好裏頭。各揀選一種相。一種好。觀想進去。只要觀想佛兩眉中間的白毫。能够觀想到極明白極淸楚。那就佛的八萬四千種的相。八萬四千種的好。自然會顯現出來了。能够見到無量壽佛。就能够見到十方無量數的佛了。因爲能够見到無量數佛的緣故。無量數的佛。就顯現在這個修行人的面前。爲他記成佛的名號。記做教主的國土。

像這樣的觀想．就是普徧見到一切佛的色身相．叫第九觀。照這樣的觀想法．叫正觀。若是別種觀想法．就叫邪觀。

佛告阿難。及韋提希．見無量壽佛了了分明已．次亦應觀觀世音菩薩。此菩薩身長八十萬億那由他由旬．身紫金色。頂有肉髻．項有圓光面各百千由旬。

【解】肉髻、是頭頂上一個肉團．像把頭髮盤成的髻那樣的。面字、是四面的意思。

【釋】佛又囑咐阿難同了韋提希道．已經見到了無量壽佛種種相．種種好．都覺得很清楚、很明白了．應該要觀想觀世音菩薩了。這一尊菩薩的身體．長到八十萬億那由他由旬．【先師諦閑老法師、所著的觀經疏鈔演義裏頭說無量壽佛的身相．只有六十萬億．觀世音菩薩的身相那裏會反比佛身更加長呢．所以八十萬億應該是十八萬億．恐怕是刻經板的人刻錯的。】身體是紫金的．頭頂上有一個肉髻．頸項裏頭有圓形的光．

四面都能够照到百千由旬的遠。

其圓光中．有五百化佛．如釋迦牟尼。一一化佛．有五百化菩薩．無量諸天．以爲侍者。舉身光中．五道衆生．一切色相．皆於中現。

【解】舉身、是把身體投到光裏頭去的意思。

【釋】在觀世音菩薩頂上的圓光中間有五百尊化佛．都像釋迦牟尼佛那樣的。一尊一尊的化佛各有五百尊的化菩薩．同了無數的天帝．做化佛化菩薩侍奉的人。修行人把自己的身體．投到化佛化菩薩的光明裏頭．去所有地獄、餓鬼、畜生、人、天、五道衆生的一切顏色形相．都在觀世音菩薩的圓光裏頭現出來。

頂上毗楞伽摩尼寶．以爲天冠。其天冠中．有一立化佛．高二十五由旬。

【解】毗楞伽摩尼寶、就是釋伽毗楞伽寶。冠、就是帽．冠字上加一天字．是稱讚冠的好。

【釋】觀世音菩薩的頭頂上．有毗楞伽摩尼寶、裝飾成像只有天上有的、那種極妙的帽。在這頂帽中間．有一尊立相的化佛．高有二十五由旬。

觀世音菩薩．面如閻浮檀金色。眉間毫相．備七寶色．流出八萬四千種光明。一一光明．有無量無數百千化佛。一一化佛．無數化菩薩．以為侍者．變現自在．滿十方世界。

【解】備七寶色的備字、是完備的意思。

【釋】觀世音菩薩的面．像閻浮檀金那樣的顏色。兩眉中間毫毛的形相．是七種珍寶的顏色．完全都有的。在這根毫毛中間．流出八萬四千種的光明。一種一種的光明裏頭．有無量無數百千化佛。【無量無數百千化佛．是形容很多很多的數目。】一尊一尊的化佛．都有無數的化菩薩．做他們侍奉的人．還會時時變化．變化起來．要變就變．自在得很．像這樣的奇妙景象．都普徧在十方世界裏頭．沒有一處沒有的。

臂如紅蓮華色．有八十億微妙光明．以爲瓔珞。其瓔珞中．普現一切諸莊嚴事。

【解】諸莊嚴事、是可以莊嚴觀世音菩薩臂膀的一切珍寶．一切光明。

【釋】觀世音菩薩兩臂的顏色．是像紅蓮華那樣的。兩臂周圍．會發出八十億微細奇妙的光明．這種光明．都變化成像瓔珞的樣子。在瓔珞的中間．普徧現出可以莊嚴菩薩兩臂的一切珍寶．或是普徧現出可以莊嚴菩薩兩臂的一切光明。

手掌作五百億雜蓮華色。手十指端．一一指端．有八萬四千畫．猶如印文。一一畫．有八萬四千色。一一色．有八萬四千光。其光柔輭．普照

一切。以此寶手．接引衆生。

【解】手掌、就是手心。指端、就是手指尖。

【釋】觀世音菩薩的手心．有五百億種蓮華的顏色．夾和在一起的那種特別顏色。十只手指的尖頭上．有八萬四千種的畫像印成功的紋路一樣的。一種一種的畫．有八萬四千種的顏色。一種一種的顏色中間．會發出八萬四千道光來的。這種光照在人的身上．覺得很軟和的．不像現在的電燈光．是火熱的．猛烈的。這種八萬四千道光．普徧的照到所有的一切境界。觀世音菩薩用他的寶手．來接引衆生到極樂世界去。

舉足時．足下有千輻輪相．自然化成五百億光明臺。下足時．有金剛摩尼華．布散一切．莫不彌滿。

【解】輻字、是一個車輪。千輻輪、就是一千個車輪。

【釋】觀世音菩薩提起足來走路的時候．足底下有一千輻車輪的形相．印在地上。這種輪相．自然會變化五百億座光明臺。足放下去的時候．又有金剛寶摩尼珠．同了各種的華．鋪散在各處．沒有一處不遮蓋滿足的。

其餘身相．衆好具足．如佛無異。惟頂上肉髻．及無見頂相．不及世尊。是爲觀觀世音菩薩眞實色身相．名第十觀。

【解】色身、是有形狀顏色．可以看得見的身體．像我們這種凡夫的身體一樣。

【釋】除了上邊所說的各種身相．還有身上別的種種相．所有一切的好相．都像佛一樣完全有的．沒有不相同的。只有頭頂上的肉髻．同了佛獨有的見不到頭頂的兩種相．不像佛那樣的好。這是觀想觀世音菩薩眞實的色相．就叫第十觀。

佛告阿難．若欲觀觀世音菩薩者．當作是觀。作是觀者．不遇諸禍．淨

除業障．除無數劫生死之罪。如此菩薩。但聞其名獲無量福。何況諦觀。

【解】遇字、是碰到的意思。獲字、是得到的意思。業障、因爲前生造了種種的惡業．所以這一世就受到種種障礙．不能够自由自在．進到佛法裏頭去。

【釋】佛又吩咐阿難道．若是有要觀想觀世音菩薩的修行人．應該要照這樣的觀想。照這樣觀想的修行人．就可以不碰到一切的禍害．可以把前生所造的業障．完全除滅得淸淸淨淨．不但是除滅前生一世的業障．並且還可以除滅無數劫的生生死死的罪哩。像這樣心念慈悲．福德全備的菩薩．只要聽到他的名號．已經可以得到無量的福了．何況切切實實明明了了的觀想到菩薩的身相呢。

若有欲觀觀世音菩薩者．先觀頂上肉髻．次觀天冠。其餘衆相．亦次第觀之。悉令明了．如觀掌中。作是觀者．名爲正觀。若他觀者．名爲邪觀。

【解】這一段、是重說一遍觀想觀世音菩薩先後的次序。

【釋】若是有修行人．要觀想觀世音菩薩的種種相．應該先觀想觀世音菩薩頭頂上的肉髻再觀想所戴的天冠。還有別的種種相．也應該依了先後的次序．一種一種的觀想過去。都要觀想到明明白白清清楚楚像觀世音菩薩的種種相．種種好．都在我自己手心中間．觀想起來沒有一些些不清楚的地方。能夠照這樣的觀想．叫正觀。若是照別種的觀想．就叫邪觀。

次觀大勢至菩薩。此菩薩身量大小．亦如觀世音。圓光面各百二十五由旬．照二百五十由旬。舉身光明．照十方國．作紫金色。有緣衆生．皆悉得見。

【解】身量、就是身體高矮的丈尺。

【釋】觀世音菩薩已經都觀想圓滿了．應該要觀想大勢至菩薩了。這尊大勢至菩薩身體的高矮大小．都像觀世音菩薩一樣的。頭頂上邊的圓光．四面各有一百二十五由旬．可以照到二百五十由旬那麼遠。全身的光明．可以照見十方國土．都變化成紫金色。同了佛道有緣的衆生．都見得到大勢至菩薩的種種相．種種光的。

但見此菩薩一毛孔光．卽見十方無量諸佛淨妙光明。是故號此菩薩名無邊光。以智慧光．普照一切．令離三塗．得無上力。是故號此菩薩名大勢至。

【解】三塗、就是地獄、餓鬼、畜生、三種惡道。無上、是沒有比這種更加勝過的意思。

【釋】只要見到這尊大菩薩一根毛孔的光．就可以見到十方無量數諸佛淸淨微妙的光明。所以這尊大菩薩的德號．也可以稱無邊光．意思就是這尊大菩薩身上的光．又多又大．竟然是無邊無際的。大勢至菩薩常常用他的智慧光．普徧照到一切衆生．使得他們都能够離開地獄、餓鬼、畜生、三種惡道．都得到佛最勝的大威力、大神力。所以這尊菩薩的德號．就稱大勢至．意思就是有大威神力的菩薩。

此菩薩天冠．有五百寶華。一一寶華．有五百寶臺。一一臺中．十方諸佛淨妙國土廣長之相．皆於中現。

【解】廣長之相．是十方諸佛國土的長同了闊的形相。

【釋】這一尊菩薩所戴的天冠上．裝飾了五百種珍寶合成的華。一朵一朵的寶華上邊．各有五百座珍寶鑲嵌成的臺。一座一座寶臺中間．所有十方諸佛的、淸淨奇妙國土、長闊的形相．都在這種寶臺裏頭．顯現出來。

頂上肉髻．如鉢頭摩華。於肉髻上．有一寶瓶．盛諸光明．普現佛事。餘

諸身相．如觀世音等無有異。

【解】鉢頭摩華、是梵語翻譯中國文．是赤色的蓮華。盛字、是裝在裏頭的意思。佛事、是佛菩薩所做教化衆生的一切事情。

【釋】大勢至菩薩頭頂上的肉髻．像一種印度產生的赤蓮華。在肉髻上邊．有一個珍寶的瓶．瓶裏頭完全裝滿了光明在光明裏頭．普徧現出種種合佛道合佛法的一切事情的景象。大勢至菩薩還有許多身相．同了觀世音菩薩完全一樣．沒有一些些兩樣。

此菩薩行時．十方世界．一切震動。當地動處．有五百億寶華。一一寶華．莊嚴高顯．如極樂世界。

【解】高顯、是又高大．又顯明的意思。

【釋】這一尊菩薩走路的時候．十方世界所有的一切．都會震動起來的。在各世界國土震動的地方、有五百億朵的寶華。一朵一朵的寶華、都是很莊嚴、很高大、很顯明、很美麗的、像極樂世界一樣。

此菩薩坐時、七寶國土、一時動搖。從下方金光佛剎、這是最下方的佛剎。**乃至上方光明王佛剎、**這是最上方的佛剎。**於其中間、無量塵數。分身無量壽佛、分身觀世音、大勢至、皆悉雲集極樂國土。旻塞空中、坐蓮華座、演說妙法、度苦衆生。**

【解】剎字、是梵語、但是沒有翻譯中國文、佛剎兩個字的意思、就是佛土。分身、就是化身。旻字、讀做赤字音。旻塞、就是周徧滿足的意思。

【釋】這一尊菩薩坐的時候、七寶的國土、各處都在一個時候、動搖起來了。從下方最底下的金光佛剎那一層起、一直上去、到上方最上一層的光明王佛剎、在這兩層佛剎中間、有像無量數灰塵那麼多的分身無量壽佛、分身觀世音菩薩、大勢至菩薩、都像雲那麼多的分身．一齊聚集在極樂國土。並且還徧滿在空中．坐在蓮華的臺座裏頭．演說最勝妙的佛法．救度苦惱的衆生。

作此觀者．名爲觀見大勢至菩薩。是爲觀大勢至色身相。名第十一觀。觀此菩薩者．除無數劫阿僧祇生死之罪。作是觀者．不處胞胎．常遊諸佛淨妙國土。此觀成已．名爲具足觀觀世音大勢至。

【解】處胞胎、是生在母親的胞胎裏頭．又從母親的胞胎裏頭生下地來。

【釋】修這種的觀想．叫觀想到大勢至菩薩。就是看到大勢至菩薩的色身的形相。觀想這尊大菩薩．叫第十一觀。可以滅除無數劫阿僧祇、生了又死、死了又生、的罪業。能够這樣的觀想．可以不受到在母親胞胎裏頭轉生的苦。並且可以常常到諸佛淸淨奇妙的國土去遊行。這種觀想成功了．就可以說是完全滿足觀想觀世音菩薩．同了大勢至菩薩了。

見此事時．當起自心．生於西方極樂世界．於蓮華中．結跏趺坐。作蓮華合想．作蓮華開想。蓮華開時．有五百色光．來照身想。眼目開想．見佛菩薩滿虛空中。

【解】結字、是因爲把兩足盤攏來．【足、就是脚。】像把兩足打了一個結那樣．所以稱結。跏字、是因爲把足加在腿上邊．所以在加字旁邊加一足字．實在還是同了加字一樣的意思。趺、就是足骨。【結跏趺坐在下邊釋裏頭會詳細講明白的。】五百色光、就是五百種顏色的光。

【釋】見到了上邊第十一觀、所說的種種奇妙景象的時候．自己的心．就應該要發起已經生到了西方極樂世界去了。身體在蓮華裏頭．學佛菩薩結跏趺坐法．先把右足扳起來．右足背、壓在左邊大腿靠外的一面．再把左足扳起來．左足背、壓在右邊大腿靠外的一面．叫左押右．又把兩手心都向上．把左手背壓在右手心上邊．這種樣子．叫降魔坐。

倘然先把左足扳起來．左足背壓在右邊大腿靠外的一面．再把右足扳起來．右足背壓在左邊大腿靠外的一面．叫右押左．又把右手背壓在左手心上邊．這種樣子．叫吉祥坐。從前釋迦牟尼佛坐在菩提樹下修道的時候．就照這種吉祥坐的坐法。降魔坐、吉祥坐、兩種都是全跏坐．就叫結跏趺坐。還有簡便些的坐法．就是把右足背壓在左邊大腿靠外的一面．或是把左足背壓在右邊大腿靠外的一面．叫半跏坐。全跏坐、半跏坐、都可以的．不過半跏坐．應該要格外誠心恭敬些的。年歲不很高．腿骨不很硬的修行人．還是應該學全跏坐的好。這種坐法．最安穩、最能夠收攝妄想．魔見了就能夠生恐懼心。照這樣坐定了．心思清淨了．應該要作一種觀想．像自己所坐的蓮華．已經合攏來了。觀想到蓮華已經合攏來的時候．又要觀想到蓮華忽然開放了。觀想到蓮華已經開放的時候．又要觀想蓮華裏頭．忽然現出五百種顏色的光明來．照在自己的身上。再要觀想自己的眼目．能夠睜開來了．見到許多佛．許多菩薩．都排滿在虛空裏頭。

水鳥樹林．及與諸佛．所出音聲．皆演妙法．與十二部經合。

【解】十二部經、是把所有的佛經．分做十二種類．就叫十二部經。第一修多羅．修多羅、是梵語翻譯中國文．是契經兩個字。第二祇夜．就是重頌兩個字。第三伽陀．就是孤起頌。第四尼陀那．就是因緣。第五伊底目多．就是本事。第六闍多伽．就是本生。第七阿毗達摩．就是無比法。【無比法、是沒有可以比擬的意思。】第八阿波陀那．就是譬喻。第九優婆提舍．就是論議。第十優陀挪．就是自說。第十一毗佛畧．就是方廣。第十二利伽羅．就是授記。【這裏只把梵文翻譯中國文的名目．提出來了．要曉得中國文名目的意思．下邊釋裏頭會解釋明白的。】

【釋】極樂世界的水鳥樹林．都會發出音聲來的．並且所發出的音聲．同了諸佛一樣的．也都會演講深妙的佛法的．並且所演講的佛法．又同了十二部經裏頭所講的道理．完全一樣的。十二部經所分的種類．第一契經．是經典裏頭專門講意義的長行文。【長行、是句子有長有短的．不像偈頌那樣的句子．一定是三個字、四個字、或是五個字、七個字、一樣長短的句子的。〇偈頌到下邊就會講明白的。】契字、是相合的意思。契經、是上合佛理．下合衆生機的意思。第二應頌．也可以叫重頌．【這個重字、要在左邊下角加一圈．讀做從字音．是已經有了長行的經文．再用像偈頌那樣的重複稱讚一遍。】是稱讚歌頌的意思。同了偈文一樣的也都是一樣長短的句子。應頌、重頌、都是照前邊長行的文．重新宣說一遍。第三孤起頌．不照前邊長行文的意義．單獨發起的偈頌．所以叫孤起。【孤字、就是單獨的意思。】第四因緣．是經裏頭所說的．都是怎樣能夠見到佛．聽到佛說法的因緣．大半像各種佛經裏頭的序分．或是序品那樣的。第五本事．是佛說弟子過去世因緣的經文．像法華經裏頭的、藥王菩薩本事品那樣的。第六本生．是佛說自己過去世因緣的經文。第七無比法．【無比法、是梵語阿毗達磨．翻譯的中國文．就是沒有比得上的意思。】是記佛顯現種種神通．種種事情．沒有人能夠比得上佛的。第八譬喻．是所有的經文．都是說譬喻的文字。第九論議．是佛法的道理意義．大家問答的經文。第十自說、佛的說法、大半都有人問了纔說的、這自說的一類、是沒有人問、佛自動說的。像阿彌陀經那樣的第十一方廣、是說方正廣大的眞實義理的經文。第十二授記、是爲菩薩記成佛的名號。這十二種經文裏頭、只有契經、重頌、孤起頌、是經文的格式。還有九種、都是依照了經文裏頭所記的實事、定各種名目的。

若出定之時、憶持不失。見此事已、名見無量壽佛極樂世界。是爲普觀想、名第十二觀。

【解】在觀想的時候、一心在極樂世界種種景象上邊、沒有一些些散亂念頭、像入了定一樣的、等到一切都觀想淸楚了、又像出了定一樣了、所以叫出定。

【釋】若是到了出定的時候、還能夠牢記住、不忘却觀想到那種景象、就可以算是成功了。名目叫見到無量壽佛極樂世界。就是普徧的觀想到了、也就叫第十二觀。

無量壽佛、化身無數、與觀世音、及大勢至、常來至此行人之所。

【解】行人、同了行者一樣的．也是稱修行佛法的人。

【釋】無量壽佛化了無數的身相．同了觀世音菩薩、大勢至菩薩。常常到這個修觀想人所住的地方來。

佛告阿難．及韋提希．若欲至心生西方者．先當觀於一丈六像．在池水上．如先所說無量壽佛．身量無邊．非是凡夫心力所及。

【解】至心的至字、同了極字一樣的意思。至心、就是極誠心的意思。

【釋】佛又囑咐阿難同了韋提希道．若是有人發極誠懇的心．要生到西方極樂世界去．先應當觀想無量壽佛一丈六尺的像．【佛一丈六尺的像．是佛通常化身像的身量。】在七寶池上邊。像前所說無量壽佛無量無邊的身相．不是凡夫狹小的心量所能夠觀想得到的．所以要先觀想一丈六尺的像。

然彼如來宿願力故．有憶想者．必得成就。但想佛像、得無量福．況復

觀佛具足身相。

【解】宿願、是前生、或是前前生所發的願。成就、就是成功。

【釋】雖然凡夫的心力狹小．够不上觀想無量無邊的身相．但是因爲佛前生所發的願力强大的緣故．所以如果有修行人．記念觀想無量壽佛這樣高大的身量．也一定可以觀想成功的。只不過觀想佛像一丈六尺的像．已經可以得到無量無邊的福了．何況再要觀想到佛完全滿足的身相呢。

阿彌陀佛．神通如意．於十方國．變現自在。或現大身．滿虛空中．或現小身．丈六八尺。所現之形．皆眞金色。圓光化佛．及寶蓮華．如上所說。

【解】神、是變化不測的意思。【不測、是揣想不到的意思。】通、是自在無礙的意思。如意、是事事可以稱我心的意思。

【釋】阿彌陀佛的神通．有如意自在的力．要怎麼樣．就可以怎麼樣．能够到十方國土去變化顯現自在得很。或是顯現極大的身量．可以充滿在虛空裏頭。或是顯現極小的身量．不過一丈六尺．或是八尺。所現的形相．不論是大相．是小相．都是眞金的顏色。在佛頭頂上邊圓光裏頭、所現的化佛．同了寶蓮華．都像上邊所說的種種一樣的。

觀世音菩薩．及大勢至．於一切處．身同衆生。但觀首相．知是觀世音．知是大勢至。此二菩薩．助阿彌陀佛普化一切。是爲雜想觀．名第十三觀

【解】雜想、是夾雜的觀想。

【釋】觀世音菩薩同了大勢至菩薩．到隨便什麼地方去．都變化了像衆生一樣的身相。但是只要看兩尊菩薩頭部的形相．就同了衆生不一樣了．就可以曉得一尊是觀世音菩薩．一尊是大勢至菩薩。這二尊大菩薩．都是幫助阿彌陀佛．普徧教化一切衆生的。

這一種觀想一佛二菩薩的形相．是不一樣的．有時候見到大相．有時候見到小相．有時候見到菩薩本來的身相．有時候變化了衆生的身相．所以稱做雜觀想。就叫第十三觀。

佛告阿難，及韋提希．上品上生者．若有衆生．願生彼國者．發三種心。卽便往生。何等爲三．一者至誠心．二者深心．三者迴向發願心。具三心者，必生彼國。

【解】離開我們這個娑婆世界．叫往生。往生到阿彌陀佛西方極樂世界的蓮華裏頭去．叫生。深心、是求往生西方的心很深切的．不是浮在面上．忽然發發．忽然又停停的。迴向、是把所修的種種功德．完全歸向到往生西方的願心上去。【迴向二個字、詳細講起來很煩的．若是要曉得詳細．可以請一本朝暮課誦白話解釋卷首一本佛法大意裏頭有詳細解釋的。】

【釋】佛又囑咐阿難同了韋提希道．生到極樂世界去的修行人．總共分做九品。【九品、是九等的意思。】最高的第一品．叫上品上生．怎樣可以得到上品上生呢．要曉得若是有衆生願意要到極樂世界去的．只要發三種願心．就可以往生了。第一、要發極誠懇眞實、求往生的心。第二、要發很深切不變更、求往生的心。第三、要發把所修種種的功德、完全迴向到求往生的心。能夠完全發這三種願心．一定能夠生到極樂世界去了。

復有三種衆生．當得往生。何等爲三．一者、慈心不殺具諸戒行。二者、讀誦大乘方等經典。三者、修行六念．迴向發願．願生彼國。具此功德．一日乃至七日．卽得往生。

【解】戒行的行字、要在右邊上角加一圈．讀做恨字音。就是守各種戒的功夫．修佛道、菩薩道、求成佛、成菩薩．發普偏化度一切衆生的大願心．叫大乘。像緣覺、聲聞、只顧了脫自己的生死．叫小乘。方等的方字、是方正。等字、是平等。方等經典．就是說方正平等的佛道的經典。六念、是念佛、念法、念僧、念戒、【是念種種的戒法。】念施、【是念布施．可以除衆生的慳心貪心。慳、是器量小。】念天。【修佛道的人、當然不應該念天、但是天有五種、第一世間天、像天王天子等的天。第二王天、像四王天一直上去、到非想非非想天、是衆生可以生到這種天上去的天。第三淨天、是斷除煩惱、淸淨沒有垢穢的天。第四義天、十位以上的菩薩、纔能夠生在這種天上去。第五就是第一義天、第一義三個字、是最上最高的意思、諸佛菩薩常住在這種天上、不生、不老、不病、也不死、永遠沒有變易的。】

【釋】發上邊所說三種心的人、一定能夠往生極樂世界的、還有三種衆生、也應該往生的。第一、有慈悲心、不殺害生命的人、同了完全守住種種戒法的人。第二、讀誦大乘佛法、【讀、是看了經本出聲的念。誦、是不看經本、不出聲的念。】同了講方正平等佛理的一切經典的人。第三、是修行念佛、念法、念僧、念戒、念施、念天、六種的人、還要把所修的三種功德、都迴向到往生極樂世界的願心上去、求願往生到極樂世界。完全修滿這三種功德的修行人、就能夠最快從一日起、或是二三日、或是四五日、最多不過七日、一定能夠往生了。

生彼國時．此人精進勇猛故．阿彌陀如來．與觀世音．大勢至．無數化佛．百千比丘．聲聞大衆．無量諸天．七寶宮殿。觀世音菩薩．執金剛臺．與大勢至菩薩．至行者前。阿彌陀佛．放大光明．照行者身。與諸菩薩．授手迎接。

【解】精進、是專心不懶惰的意思。勇猛、是向前不退縮的意思。聲聞、是小乘．專心修苦集滅道四諦法的。【四諦法、講起來是很煩的．若是要詳細曉得．可以請一本心經白話解釋來看看．就明白了。】執字、是捏的意思。授手、是伸出手來的意思。

【釋】這個往生的人．已經生到了極樂世界去的時候．因為他修行發願．非常的勤懇向前的緣故．所以阿彌陀佛．同了觀世音菩薩．大勢至菩薩．還有多到沒有數目可以計算的化佛．成百成千的比丘、聲聞、許多許多的人．沒有數目可以計算的天上人．還有七寶裝飾成的宮殿。觀世音菩薩手裏頭．拿了金剛做成功的寶臺．同了大勢至菩薩．都到這個修行人的面前來。阿彌陀佛放出很大的光明來照這個修行人的身體．並且同了許多菩薩．都伸出手來迎接這個修行人。

觀世音．大勢至．與無數菩薩．讚歎行者．勸進其心。行者見已．歡喜踴躍。自見其身．乘金剛臺．隨從佛後．如彈指頃往生彼國。

【解】踴躍、是跳的意思．是非常高興的表示。頃字、是極短的時間。

【釋】觀世音菩薩．大勢至菩薩．同了無數的菩薩．稱讚歎美這個修行人．並且還勸導他．巴望他的願心．漸漸的進步。這個修行人見到了觀世音菩薩．大勢至菩薩．同了許多大菩薩．非常的歡喜跳躍。自己見到他自己的身體．坐在金剛臺裏頭．跟隨在佛的後面．只有在彈一彈手指的一些短時間．就生到極樂世界去了。

生彼國已．見佛色身．衆相具足。見諸菩薩．色相具足。光明寶林．演說

妙法。聞已、卽悟無生法忍。

【解】色相、同了色身衆相一樣的、也是色身的種種形相。悟、本來是開悟的意思、也就是證到得到的意思。

【釋】這個修行人已經生到了極樂世界去、就見到佛的色身、種種的好形相、完全都有的。還見到許多菩薩的色身、也是種種的好形相、完全都有的。光明很大的七寶樹林、自然會演講奇妙的佛法。修行人聽到了、就證得了無生法忍。【無生法、是沒有生、也沒有滅、就是了脫生死、在前邊初觀裏頭、詳細講過的。

經須臾間、歷事諸佛、偏十方界。於諸佛前、次第授記。還至本國、得無量百千陀羅尼門。是名上品上生者。

【解】須臾、是片刻的意思。次第、是挨了次第的意思。陀羅尼、是梵語、翻譯中國文、是總持兩個字。總字、是不分散的意思。持字、是拿住了不放他失去的意思。

【釋】在片刻的短時間．這個修行人．就能够經過、服侍、到許多許多的佛．周徧到十方世界去。在許多佛面前．依了先後的次序．受許多佛爲他所記成佛的名號。這個修行人．回到自己的國土去．就得到無量數的陀羅尼法門。陀羅尼有四種．一法陀羅尼．是把佛所教的一切．總持不忘。二義陀羅尼．是說把佛法的義理．總持不忘。三咒陀羅尼．是說奇妙不可以揣測的神咒．總持不忘。四忍陀羅尼．是把一切佛法眞實的相．能够定心安住．總持不忘。這是上品上生的修行人。

上品中生者．不必受持讀誦方等經典。善解義趣．於第一義．心不驚動．深信因果．不謗大乘。以此功德．迴向願求生極樂國。

【解】趣字、同了味字差不多的意思。義趣、就是義理的趣味。第一義、是實在的眞理．是最高最上沒有更勝過的義理．所以稱做第一。謗是毀謗．就是有心說壞的意思。

【釋】上品中生、是九品往生的第二品。這上品中生的修行人、不一定要讀誦方等經典。只要把佛經的文句、【文句、就是經文的字句。】那怕少到一二句、或是一個偈的意義趣味、能夠深切的明解了。還能夠把這個心、安住在佛法裏頭深奧廣大的眞理上邊。不被旁的種種外道邪說、所搖動誘惑。深切相信因果的道理。不說壞大乘佛法。把這樣種種的功德、迴向到求生極樂世界的願心上去。

行此行者、命欲終時、阿彌陀佛、與觀世音、大勢至、無量大衆、眷屬圍繞。持紫金臺、至行者前。讚言、法子、汝行大乘、解第一義、是故我今來迎接汝。與千化佛、一時授手。

【解】第一個行字、是修行的意思。眷屬、不一定是自己的家屬親戚、在佛教裏頭、凡是一同修學佛法的人、或是皈依的弟子等、都可以稱眷屬的。法子、是傳佛法的人。紫金、是金裏頭最上等的金。

【釋】修上邊所說各種功德的修行人．到了壽命快要完了的時候．阿彌陀佛．同了觀世音大勢至兩大菩薩．還有無量數的聖人賢人．一同修學佛法的人．都圍繞住了這個修行人。阿彌陀佛拿了紫金臺．到修行人的面前．稱讚這個修行人．叫他一聲法子道．你能够修行大乘佛法．明白了解最上的義理．所以我現在來迎接你。阿彌陀佛就同了上千的化佛．在同一個時候．都伸出手來．握這個修行人的手。【握手、就是攙手。】

行者自見坐紫金臺．合掌叉手．讚歎諸佛。如一念頃．卽生彼國七寶池中。此紫金臺．如大寶華．經宿則開。行者身作紫磨金色．足下亦有七寶蓮華。

【解】叉手、是把十只手指交叉起來。宿字、是一夜的意思。經宿、是經過一夜。紫磨金的磨字、是沒有一些些垢穢的意思．完全是潔淨的金。

【釋】這個修行人．自己看見自己坐在紫金臺裏頭．雙手合攏了．十指交叉了．口裏頭稱讚歎美諸佛。不過像轉一個念頭的短時間．就生到了極樂世界的七寶池裏頭去了。這一座紫金臺像一朶很大的珠寶裝飾成的蓮華．經過一夜蓮華就開了。這個修行人的身體．就變成紫磨金的顏色．他的足底下．也有了七寶的蓮華了。

佛及菩薩．俱時放光．照行者身．目卽開明。因前宿習．普聞衆聲．純說甚深第一義諦。卽下金臺．禮佛合掌．讚歎世尊。

【解】這個宿字、是前世的意思。習字、是修學的意思。純說、是專門說一種佛法．不是夾雜說說這種．又說說那種。

【釋】阿彌陀佛．同了觀世音、大勢至、兩大菩薩．都在一個時候．在兩眉中間、放出光來．照在這個修行人的身上。這個修行人照到了光．他的兩眼就睜開了．【睜字、讀做爭字音．就是張開眼的意思。】明亮了。並且因爲他前世或是前前世修學過佛法．聽到過佛法的義理．的所以能夠普徧的聽到大衆的聲音．都是專門說一種極深奧、最高妙、的眞實道理。這個修行人聽到了．就從紫金臺上下來．向佛頂禮．合了兩掌．稱讚歎美佛的一切功德。

經於七日．應時卽於阿耨多羅三藐三菩提．得不退轉。應時即能飛行偏至十方．歷事諸佛。於諸佛所．修諸三昧。經一小刧．得無生忍．現前受記。是名上品中生者。

【解】阿耨多羅三藐三菩提．是梵語．翻譯中國文．阿、是一個無字。耨多羅、是一個上字。三、是一個正字。藐、是一個等字。菩提、是一個覺字。合併起來說．就是無上正等正覺六個字。把這六個字分開來講．無上、是最高最上．沒有更高更上的意思。正等、是沒有邪見偏見的意思。【邪見、是邪的見解．偏見、是偏在一邊的見解．不是中正正當的見解。】覺字、是醒悟的意思。合併起來解釋．是佛的智慧．就是成佛。不退轉、是所修的功德．越修越上進．不會退失．也不會轉變。應時、是立刻的意思。受記、是修行人受到佛的記名．所以用這

個受字。【是收進的意思。】前邊所解釋的．是佛爲了修行人記名．所以用那個授字。【是給旁人的意思。】

【釋】這個修行人．生在寶蓮華裏頭．經過了七天．立刻就得到了佛的智慧．永遠不會退回轉來了。並且還立刻得到神足通．能夠周徧的飛行到十方世界去．伺候服侍十方的一切佛．就在一切佛所住的地方．修種種的正定法。經過了一小劫的時期．就證到了不生不滅．了脫生死的地位。當時就在佛的面前．受佛爲他記成佛的名號。這就叫上品中生的修行人。

上品下生者．亦信因果．不謗大乘。但發無上道心．以此功德．迴向願求生極樂國。

【解】無上道、是最高最上的佛道．就是求成佛的心。

【釋】上品下生．是九品往生的第三品。這樣的修行人．也是很相信因果的．也是不謗發大乘佛法的。他能够發最高最上求成佛的心．他把這種功德．迴向到發願求生到極樂國土去。

行者命欲終時．阿彌陀佛．及觀世音大勢至．與諸菩薩．持金蓮華．化作五百佛．來迎此人。五百化佛．一時授手。讚言法子．汝今清淨．發無上道心．我來迎汝。

【解】清淨、是說身口意三業．都沒有罪惡垢穢．所以叫清淨。

【釋】這個修行人的壽命．到了要完盡的時候．阿彌陀佛．同了觀世音．大勢至．還有許多的菩薩．拿了金的蓮華．化成五百尊佛．來迎接這個修行人。五百尊化佛大家都同時伸出手來迎接他。還同聲稱讚他道．法子．你現在身口意三業．都很清淨了．並且還發了求成佛的心．所以我來迎接你。

見此事時．即自見身坐金蓮華。坐已華合．隨世尊後．即得往生七寶

池中。一日一夜．蓮華乃開。七日之中．乃得見佛。雖見佛身．於衆相好．心不明了。於三七日後．乃了了見。

【解】三七日、三七日是三個七日．就是二十一日。

【釋】這個修行人．看見了上邊所說的佛．同了許多菩薩．拿了金蓮華來迎接他的時候．他就見到自己的身體．坐在金蓮華裏頭。坐好了．華就合攏來了．他跟隨在佛的後面．就生到極樂世界的七寶池裏頭去了。經過了一日一夜．蓮華開了。在七天裏頭．就見到了佛。雖然見到了佛的全身．但是佛的種種相．種種好．心裏頭還是不明白．不淸楚。要過了三七二十一日後．纔能夠明明白白看淸楚了。

聞衆音聲．皆演妙法。遊歷十方．供養諸佛。於諸佛前．聞甚深法。經三小劫．得百法明門．住歡喜地。是名上品下生者。是名上輩生想．名第

十四觀。

【解】百法、是一百種的法。第一是心法．總共有八種．眼識、耳識、鼻識、舌識、身識、意識、【又叫第六識。】末那識、【又叫第七識。】阿賴伊識。【又叫第八識．末那、阿賴伊、都是梵語因爲沒有翻譯中國文的名目．所以就叫第七識、第八識。】第二是心所有法．總共有五十一種。分做遍行五種．觸、受、思、想、作意。別境五種．欲、勝解、念、定、慧。善十一種．信、慚、愧、無貪、無瞋、無癡、精進、輕安、不放逸、行捨、不害。煩惱六種．貪、瞋、癡、慢、疑、惡見。隨煩惱二十種．忿、恨、覆、惱、嫉、慳、誑、諂、害、憍、無慚、無愧、掉舉、惛沉、不信、懈怠、放逸、失念、散亂、不正知。不定四種．悔、睡、尋、伺。第三是色法．總共有十一種。眼、耳、鼻、舌、身、色、聲、香、味、觸、法處所攝色。第四是不相應行．總共有二十四種。得、命根、衆同分、異生性、無想定、滅盡定、【滅盡定在下邊八解脫裏頭．有解釋的。】無想事、名身、句身、文身、生、老、住、無常、流轉、定異、相應、勢速、次第、方、時、數、和合性、不和合性。第五是無爲．總共有六種。虛空無爲、擇滅無爲、非擇滅無爲、不動無爲、想受滅無爲、眞如無爲等種種法。恰巧是一百種．所以叫百法。【因爲這一百種法．解釋起來非常的煩．並且同了修十六觀沒有關係．我又不會詳細解釋．所以不解釋了．大家曉得一些名目．就罷了。】明字、是菩薩登了歡喜地．【歡喜地、是十地位裏頭的第一位．第二離垢地．第三發光地．第四餤慧地．第五極難勝地．第六現前地．第七遠行地．第八不動地．第九善慧地．第十法雲地。菩薩從起初修行起．要經過十信．十住．十行．十迴向．十地．等覺菩薩．妙覺菩薩．五十二個位子．纔能夠成佛。】所得到的智慧門．因爲智慧能夠通到百法的眞性．所以叫明門。上輩、就是上品。

【釋】修行人過了二十一日．不但是能夠明明了了．見到佛的種種相．種種好．並且還能夠聽到種種的聲音．都是演講最高妙的佛法。這個修行人．就到十方世界去遊歷供養十方世界的諸佛。在諸佛的面前．又聽到極深奧奇妙的各種佛法。經過了三小劫的時期．智慧漸漸的加增起來了．所有佛道裏頭一百種的智慧門．都可以修完全了．就可以從十信、十住、十行、十迴向．一直安住在十地裏頭的第一位歡喜地了。這就叫上品下生的修行人。這種觀想．就叫上輩生想．也就是第十四觀。

佛告阿難．及韋提希．中品上生者．若有衆生．受持五戒．持八戒齋．修行諸戒．不造五逆．無衆過患。以此善根．迴向願求生於西方極樂世界。臨命終時．阿彌陀佛．與諸比丘．眷屬圍繞．放金色光．至其人所。演說苦、空、無常、無我。讚歎出家．得離衆苦。

【解】中品上生．是九品往生的第四品。五戒、是不殺生、不偷搶、不邪淫、不說假話、不飲各種酒。五逆是殺父、殺母、殺害阿羅漢、破壞僧衆、出佛身血．犯這種罪的人．都要墮落到無間地獄去的．所以稱做逆。出家、是脫離俗家．專心修學佛道。

【釋】佛又囑咐阿難同了韋提希道．怎樣可以修到中品上生呢．若是有衆生能夠受五種戒法．或是受八種戒法．【八戒齋、在前邊目犍連授王八戒一節底下．有詳細解釋的。】守住了不破戒．還有別種的戒法．也能夠修．不造五種大逆的罪．沒有種種的過失災難。這個人就種了善功的根了．能够把這種善根來發願心．迴向到求生極樂世界上邊去。這個修行人．到了壽命快要完盡的時候．阿彌陀佛同了許多比丘眷屬．都圍繞了這個修行人。阿彌陀佛兩眉中間．放出金色的光來．照到這個修行人所住的地方。演講苦、空、無常、無我、的道理。【苦、空、無常、無我、前邊第二觀裏頭．已經解釋過了。】稱讚歎美這個修行人出家修行的功德．所以就能够離開種種的苦惱。

行者見已．心大歡喜。自見已身．坐蓮華臺．長跪合掌．爲佛作禮。未舉頭頃．即得往生極樂世界．蓮華尋開。

【解】尋字、同了卽字差不多的意思．不過沒有卽字那麼快。

【釋】這個修行人．見到了阿彌陀佛放金色光．心裏頭非常的歡喜。自己看見自己的身體．坐在蓮華臺裏頭．雙膝跪在地上．兩手合攏了．向佛行禮。還沒有到擡起頭來的短時間．已經往生到極樂世界去了．所坐的蓮華．也就開了。

當華敷時．聞衆音聲．讚歎四諦。應時即得阿羅漢道．三明六通．具八解脫。是名中品上生者。

【解】敷字、是開放的意思。諦字、是眞實的意思。四諦、是四種眞實的理。第一、苦諦．第二、集諦第三、滅諦第四、道諦．三明是三種明．第一、天眼明．第二、宿命明．第三、漏盡明。八解脫、是八種解脫。解脫、是能夠解放自由．不被種種煩惱束縛住．也可以叫八背捨．背捨、是厭恨捨棄的意思。第一、是內有色相．觀外色解脫．第二、是內無色相．觀外色解脫．第三、是淨解脫身作證具足住．第四、是空無邊處解脫．第五、是識無邊處解脫．第六、是無所有處解脫．第七、是非想非非想處解脫．第八、是滅受想定身作證。【四諦、三明、八解脫、在後邊的釋裏頭就會解釋明白的。】

【釋】蓮華正在開的時候．這個往生的人．就聽到許多聲音．都是稱讚歎美聲聞所修的四諦法。聲聞有四種分別．叫做四果．果字、是結果的意思．就是修到什麼功夫．結成什麼果。第一、須陀洹．第二、斯陀含．第三、阿那含．第四、阿羅漢．一果比一果高。【阿羅漢果．也可以稱阿羅漢道。四種果名的意義．在阿彌陀經白話解釋．皆是大阿羅漢一句．心經白話解釋．無苦集滅道一句底下．都有詳細解釋的。】四諦的第一諦．是苦諦．是欲界、色界、無色界．的三界【要曉得三界的情形．可以查看阿彌陀經白話解釋．無量諸天大衆俱一句底下．有詳細解釋的。】同了天、人、阿修羅、畜生、餓鬼、地獄、六道種種的苦報。第二、是集諦、集是聚集的意思．聚集了貪瞋癡種種的煩惱．就造成種種的惡業．造了惡業．就會受到三界六道種種的苦報．所以集是苦的因．苦是集的果。第三、是滅諦．就是滅除種種的苦。第四、是道諦．道是眞實的佛道．能夠修了佛道．迷惑就完全覺悟了．所以道是滅的因．滅是道的果。明白了四諦的道理．就可以證到聲聞了．這個往生的人．聽到了四諦法．立刻就透澈的覺悟了．所以就證到了聲聞最高的阿羅漢道了。並且連了三明．六通．八解脫．也都完全修到了。這就是中品上生的修行人。三明、是三種明．就是天眼明．宿命明．漏盡明。三明同了六通裏頭的天眼通、宿命通、漏盡通、【六通、在阿彌陀經白話解釋．供養他方十萬億佛一句底下．有詳細解釋的。】不一樣的。現在先把六通大畧解釋了．再解釋三明．可以容易明白些。六通、是天眼通、天耳通、他心通、宿命通、神足通、漏盡通。天眼通、是不論日間夜間．不論怎樣遠的地方．不論有什麼東西阻隔住了．都可以看得清清楚楚的。天耳通、是不論怎樣遠、怎樣輕、的聲音．或是說的不論那一種的話．都可以聽得清楚的。他心通、是不論什麼人的心裏頭所轉的念頭．或是沒有看到過的書裏頭、所講的種種事情．種種道理．都可以曉得。宿命通、是不論自己的．或是旁人的事情．不論這一世、前一世、前十百千萬世的事情．都完全曉得。【神足通、在前邊已經解釋過．所以不再解釋了。】漏盡通的一個漏字．是譬喻一個破瓶．裝了水進去．就要漏出來．像人有了貪瞋癡等種種的煩惱．他的心思．就會被這些煩惱牽引去．造出種種的業來．守不牢自己的心．就像漏水的瓶一樣。漏盡、是把這種漏的壞處．都修補好了．把貪瞋癡種種的煩惱．一齊去得清清淨淨．就得着了種種的神通．所以叫漏盡通。天眼明、是不獨是得到了天眼的神通．還可以看得到這一世受到這樣的樂報苦報．都是前生前前生所造的善業惡業的因緣叫做明。宿命明、是不但是得到了宿命的神通．還可以曉得造了各種善業惡業的因緣．所以得到各種樂報苦報．叫做明。漏盡明、是不獨是得到了漏盡的神通．還能够自己拿得定把種種的煩惱．永遠不再生出來．叫做明。八解脫的第一解脫．是內有色想、觀外色解脫．在佛經裏頭．凡是兩眼能够看見的．都叫色．內、是指心裏頭．若是心裏頭有色的想念．就容易引起貪心來了．應該就要觀想到外面種種的不清淨．使得這個貪心不起來．所以叫解脫。第二、是內無色相、觀外色解脫．就是心裏頭雖然沒有想念色的貪心．但是要使得不起貪心的想念更加堅定．所以還要觀想外面種種的不清淨．使得這個貪心．永遠不起來．所以叫解脫。第三、是淨解脫身作證具足住．一心觀想光明清淨、奇妙、珍寶的色．叫淨解脫．觀想這種淨色的時候．能够不起貪心．可以顯明觀想人的勝妙．可以證明他的心性．很是解脫．所以叫身作證。並且他的觀想．已經可以說是完全圓滿．能够安住在定中了．所以叫具足住。第四、是空無邊處解脫。第五、是識無邊處解脫。第六、是無所有處解脫。第七、是非想非非想處解脫。這四五六七四種解脫．都是無色界天上修定的人．各各在自己修定的時候．觀想苦空、無常、無我．使得人生厭離的心．願意捨棄一切．所以叫解脫。第八、是滅受想定身作證具足住．滅受想定．也可以叫滅盡定．就是九種次第定裏頭．【九種次第定．講起來很煩的．並且同了這一節經文．沒有什麼關係．所以不講了。】功夫最高的一種定。受、就是領受的意思．一個人有了眼耳鼻舌身的五根．就要領受色聲香味觸的五塵了．【五根五塵．講起來很煩的．若是要曉得明白．心經白話解釋裏頭．講得很詳細的．可以請來看看。】領受了五塵．就要生出種種的妄想來了．若是沒有很深的定功．一定不能夠滅受想的．能夠有滅除受想的定功．那就什麼都能夠滅了．所以能夠稱滅盡定。三明、六通、八解脫．都修完全了．就叫中品上生。

中品中生者．若有衆生．若一日一夜．持八戒齋．若一日一夜．持沙彌戒．若一日一夜持具足戒．威儀無缺。以此功德．迴向願求生極樂國。戒香熏修．如此行者．命欲終時．見阿彌陀佛．與諸眷屬．放金色光．持

七寶蓮華．至行者前。

【解】八戒齋、就是八戒。【前邊已經解釋過。】因爲第八戒不在吃的時候不吃．【就是過了午時不吃。】是齋法．所以叫八戒齋。沙彌、是出家受十戒的男子。十戒的前五戒．同了五戒完全一樣的。第六、是不著華鬘．不用好香塗在身上。第七、是不看跳舞．也不聽歌唱。第八、是不坐高大的床。第九、是過午不食。第十、是不藏金錢珍寶。具足戒、是出家受二百五十戒的比丘戒。香也可以叫功德香．是能够守住各種戒法．這種守戒的功德．像香氣普徧熏到各處一樣。

【釋】中品中生．是九品裏頭的第五品。若是有些衆生．能够一日一夜、完全守住八戒齋的．或是能够一日一夜、完全守住沙彌戒的．或是能够一日一夜、完全守住具足二百五十戒的．還要端端正正．有威嚴．有禮貌．一些不違犯忽略．把這種功德．迴向發願求生到極樂國去。因爲這個修行人的功德香．已經早就周徧熏到了的．所以這個修行人．到壽命快要完盡的時候．就見到阿彌陀佛．同了許多眷屬．大家都放出金色的光來．手裏頭拿了七寶的蓮華．到這個修行人的面前來。

行者自聞空中有聲．讚言善男子．如汝善人．隨順三世諸佛教故．我來迎汝。行者自見坐蓮華上．蓮華即合．生於西方極樂世界。在寶池中．經於七日．蓮華乃敷。

【解】隨順、是跟隨順從的意思。

【釋】這個修行人自己聽到虛空裏頭有聲音稱讚道．善男子呀．因爲你跟隨順從過去、現在、未來、三世諸佛教化的緣故．所以我來迎接你。這個修行人、聽到了這幾句話．自己看見自己坐在蓮華上邊．蓮華就合攏來了．修行人就生到西方極樂世界去了。在七寶池裏頭．經過了七日．蓮華開放了。

華既敷已．開目合掌．讚歎世尊。聞法歡喜．得須陀洹。經半劫已．成阿羅漢。是名中品中生者。

【解】須陀洹、是聲聞四果裏頭的第一果。半劫、是半個劫的時期．就是八萬四千年。【八萬四千年、是照半個小劫算的．因爲下邊中品下生的．只過一個小劫．就成阿羅漢．所以曉得這個半劫．一定是小劫．不是中劫．更加不是大劫了。】

【釋】蓮華開放了．這個修行人．就睜開了眼．合攏了兩手．稱讚阿彌陀佛。因爲他聽到了佛法．非常的歡喜．所以就證到了聲聞的初果須陀洹。經過了半個小劫的時期．就超過了二果斯陀含．三果阿那含．一直證到了阿羅漢道了。這就叫中品中生。

中品下生者．若有善男子．善女人．孝養父母．行世仁慈。此人命欲終時．遇善知識．爲其廣說阿彌陀佛國土樂事．亦說法藏比丘四十八願。聞此事已．尋即命終。譬如壯士．屈伸臂頃．即生西方極樂世界。

【解】善知識、是信佛法、能夠勸化旁人信佛的人。壯士、是身強力大的人。屈、是灣曲。伸、是伸直。

【釋】中品下生．是九品往生裏頭的第六品。若是有相信佛法的善男子．或是善女人．能夠孝順父母．奉養父母．在世界上對待衆生．能夠發仁心．發慈悲心．這樣的人。到了壽命快要完盡的時候．碰到了善知識．向他詳詳細細、說阿彌陀佛極樂國土種種的快樂．也說阿彌陀佛在出家修行、做法藏比丘的時候、所發的四十八個大願心。【四十八大願．詳細解釋起來、很煩的．我等到這本觀無量壽佛經白話解釋做成了．就要做無量壽經白話解釋了．這四十八大願．在無量壽經白話解釋裏頭．一定要詳細講的．所以這裏不講了。】這個修行人．聽到了極樂國土種種快樂的事情．同了阿彌陀佛的四十八個大願．後壽命就完盡了。譬如像身強力大的人．把他的臂膊、屈一屈、伸一伸、的短時間已經生到西方極樂世界去了。

經七日已．遇觀世音及大勢至。聞法歡喜．得須陀洹。過一小劫．成阿羅漢。是名中品下生者。是名中輩生想．名第十五觀。

【解】遇字、是碰到的意思。已字、是已經過去的意思。

【釋】這個修行人生到了西方極樂世界．經過了七日．碰見了觀世音、大勢至、兩大菩薩。聽到兩大菩薩的說法．非常的歡喜．就證到了初果須陀洹。過了一小劫的時期．功夫漸漸的深了．就證到阿羅漢。這就叫中品下生的往生人。所有中品上生．中品中生．中品下生．總名叫中輩生想．也就叫第十五觀。

佛告阿難．及韋提希．下品上生者．或有衆生．作衆惡業．雖不誹謗方等經典．如此愚人．多造惡法．無有慚愧。命欲終時．遇善知識．爲說大乘十二部經首題名字。以聞如是諸經名故．除却千劫極重惡業。智者復敎合掌叉手．稱南無阿彌陀佛。稱佛名故．除五十億劫生死之罪。

【解】誹字、是心裏頭想說壞人、批評人、的念頭。謗字、是口裏頭說壞人、咒駡人。慚愧、就是羞恥心．俗語叫做丟臉。十二部經、就是經文的體裁和性質．分爲十二類．第一契經．也稱長行．第二重頌．第三諷誦．又叫孤起頌．第四因緣．第五本事．第六本生．第七未曾有．第八譬喻．第九論議．第十自說．第十一方廣．第十二授記。首題名字、是經的題目．就是經的名稱．像觀無量壽佛五個字．就是這部經的名目。智者、是有智慧的人．也可以說就是善知識。南無、是梵語．翻譯中國文．有許多說法．最說慣的．是歸命兩個字．就是把自己的身命歸托佛菩薩的意思。

【釋】佛又囑咐阿難．同了韋提希道．下品上生．是九品裏頭的第七品。若是有些衆生．造了種種的惡業．雖然心裏頭沒有轉批評方等經典的念頭．口裏頭也沒有說方等經典的壞話．但是愚癡不明白道理的人．造了許多的惡業．一些不曉得羞恥。到了壽命快要完盡的時候．碰到了善知識．向他說大乘十二部經的各種名目。這個人因爲聽到了許多經的名目．就滅除了一千劫所造極重的惡業。這個有智慧的善知識．又教他合攏了兩掌．叉起了兩手．向佛稱南無阿彌陀佛。因爲他稱念佛名．又除滅了五十億劫生了又死．死了又生的罪。大家要曉得稱念佛名的利益．這樣的大．還可以不提緊至誠懇切的念佛麼。

爾時彼佛．即遣化佛．化觀世音．化大勢至．至行者前．讚言．善男子．以汝稱佛名故．諸罪消滅．我來迎汝。作是語已．行者即見化佛光明．遍滿其室。見已歡喜．即便命終。乘寶蓮華．隨化佛後．生寶池中。經七七日．蓮華乃敷。

【解】彼佛、是說阿彌陀佛。遣字、是差的意思。以字、是因爲的意思。七七日、是七個七日．

就是四十九日。

【釋】這個修行人正在合掌叉手．稱念阿彌陀佛的時候．阿彌陀佛就差化身的阿彌陀佛．化身的觀世音菩薩．化身的大勢至菩薩．到這個修行人的面前．稱讚這個修行人道．善男子呀．因爲你稱念佛名的緣故．你所造的許多罪、都消滅了．所以我來迎接你。化佛說完了這幾句話．這個修行人．就看見化佛所放的光明．周徧照滿在這個修行人的房屋裏頭。這個修行人見到了化佛放的光．心裏頭很歡喜．他在這個世界上的壽命也就完盡了。他就坐在寶蓮華裏頭．跟在化佛的後面．生到七寶池裏頭去了。經過了四十九日．蓮華開放了。

當華敷時．大悲觀世音菩薩．及大勢至菩薩．放大光明．住其人前．爲說甚深十二部經。聞已信解．發無上道心。經十小劫．具百法明門．得入初地。是名下品上生者。

【解】信字、是信佛道。解、是明白了解經裏頭的義理。具字、是這個修行人已經完全有了百法明門的知識了。

【釋】在蓮華開放的時候、大悲觀世音菩薩、同了大勢至菩薩、放出很大的光明、來停住在這個修行人的前邊。兩大菩薩向他說十二部經很深奧的義理。這個修行人聽到了、都能夠信、都能夠明白了解、並且就發了修成佛道的大願心。經過了十個小劫、百法明門【在前邊第十四觀裏頭已經詳細解釋過了。】也都完全修學成了、就得到了十地位的第一位。這就叫下品上生。

佛告阿難、及韋提希、下品中生者、或有衆生。毀犯五戒、八戒、及具足戒。如此愚人、偷僧祇物、盜現前僧物、不淨說法、無有慚愧、以諸惡業而自莊嚴。如此罪人、以惡業故、應墮地獄。命欲終時、地獄衆火、一時俱至。

【解】僧祇、是比丘、比丘尼。不淨說法、有五種。第一、是說虛妄語。第二、是只說世法上的話．不說佛法。第三、是飲酒．吃五辛【五辛、是五種又苦又辣又臭的菜類．像韭菜、大蒜、葱、蒜苗、小蒜、都是的。】同了犯淫．【不論正淫邪淫．都是犯淫。】或是身上不淨．穿了法衣．【法衣、是出家人所穿的衣。】到佛堂裏頭去．汚穢三寶。第四、是說壞信佛同了有道德的人。第五、是因爲貪旁人給他吃．給他錢．向人隨意亂說佛法。

【釋】佛又囑咐阿難同了韋提希道．下品中生．是九品往生裏頭的第八品。或是有些衆生．破壞違犯五戒八戒的．或是破壞違犯具足戒的。【具足戒、是完全的戒法．也可以稱大戒．就是比丘的二百五十戒．比丘尼的三百四十八戒。○塵空大法師說．依據四分律上．比丘尼三百四十八條戒．梵網經上．說比丘尼五百戒．查攷各種律書．都沒有比丘尼五百戒的說法。○律書、就是講出家人應該守各種戒的書。】像這樣愚癡的人．或是偷比丘、比丘尼、大衆的東西．或是偷旁人供養比丘、比丘尼、吃的穿的東西．或是不依照佛的道理．專門把不淸淨的世間法．向大衆人演說．或是向旁人亂說違背佛理的妄語．

害旁人墮落惡道．自己一些些不曉得羞恥．還要把所造的許多惡業來遮飾自己。【這裏的莊嚴兩個字．只能够當他遮飾來講了。】像這樣犯罪的人．因爲他惡業太多太大了．應該墮落到地獄裏頭去的．所以到了他壽命快要完盡的時候．地獄裏頭各處的火．【上邊所犯的各種重罪．都要墮落到無間地獄去的．所以有種種的火。】在同一個時候．一齊都要燒過來了。

遇善知識．以大慈悲．即爲讚說阿彌陀佛十力威德．廣讚彼佛光明神力。亦讚戒、定、慧、解脫、解脫知見。

【解】十力、是佛同了菩薩所有十種智慧力的用處。這個廣讚的廣字、是多的意思。神力、是有神通的能力。戒、是五戒、八戒、各種戒法。定、是心思安定不動。慧、是智慧。解脫知見、同了上邊的十力．下邊釋裏頭、就會解釋清楚的。

【釋】這個修行人．雖然碰到了地獄裏頭的種種火．但是虧得碰到了善知識．動了他大慈大悲的心．就向這個修行人．稱讚演說阿彌陀佛十力的威嚴．十方的功德。十力、第一、是知覺處非處力。【覺處、是曉得道理的意思．就是佛能夠曉得是道理．不是道理的智慧力。】第二、是知三世業報力。【業報、是善業惡業的報應．造善業、得樂報．造惡業、得苦報．就是佛能夠曉得一切衆生過去現在未來三世業報的智慧力。】第三、是知諸禪解脫三昧力。【就是佛能夠曉得各種禪定．同了八種解脫三種三昧的智慧力。禪、是梵語禪那的簡單說法．翻譯中國文．是靜慮兩個字．就是靜定了心思參想佛法的理．慮、就是參想的意思。禪的道理很深的．修禪的法門很多的．大畧說說．也有十二種．所以叫諸禪。解脫、到下邊有詳細解釋的。三昧有三種．第一是空三昧．就是觀察種種的法．都是有了因．有了緣．纔生出來的．凡是有了因．有了緣．生出來的一切法．都是虛假的．沒有實在體質的．所以叫空。第二是無相三昧．色聲香味觸男女生異滅十種．都是虛妄的相．要想證到湼槃．一定要離開這十種虛妄相的．離開了這十種虛妄相．就是一切相都沒有了．所以叫無相三昧。第三是無願三昧．也可以叫無作三昧．作、是造作．就是有心做出來的意思．苦同了無常．沒有一個人不願意捨棄的．也沒有一個人願意去造作的．所以叫無願三昧。○生異滅、就是生住異滅四種相．除去了住相．就只有生異滅三種相了．我們世界上．不論什麼法．一定是先有生．等到已經生了．還沒有滅．在那暫時停頓的短時間．叫住．但是住又不會常住的．忽然又要改變的．在這改變的時候．叫異．究竟還是要沒有的．還是要歸到滅的一條路上去的．叫滅。涅槃．是梵語．翻譯中國文．就是沒有生．也沒有滅．了脫生死的意思。】第四、是知他衆生諸根上下相力。【就是衆生有上等利根的．也有下等鈍根的．佛都能夠曉得他們的相的智慧力。】第五、是知他衆生一切欲力。【就是一切衆生．種種的貪欲．佛都能夠曉得的智慧力。】第六、是知世間種種無數性力。【就是世界上所有無數衆生的性．各各不同．佛都能夠曉得的智慧力。】第七、是知一切道至處相力。【像修了五戒十善．能夠生在人道、天道．修了八正道等無漏法．能夠證涅槃．佛曉得修什麼道．成什麼相的智慧力。○八正道．第一正見．第二正思惟．第三正語．第四正業．第五正命．第六正精進．第七正念．第八正定．這八種正道．講起來很煩的．所以只把名目提出來不詳細解釋了．若是要曉得詳細．在阿彌陀經白話解釋．彼國常有種種奇妙雜色之鳥一節底下．解釋得很清楚的．可以查看的。無漏、是修得很完密的．不會漏掉的意思。】第八、是知天眼無礙力。【佛用天眼來看衆生．生的時候．同了死的時候的相．是端正的．或是醜惡的．死了生到善道去的．或是墮落到惡道去的．都能夠完全看見的智慧力。】第九、是知宿命共相共因緣力。【佛能夠曉得衆生經過百千萬劫．一直到現在一世一世．是什麼姓名．境界．苦樂．壽命長短的智慧力。】第十、是知永斷習氣力。【習氣、是凡夫有的一種慣常的壞習慣．佛已經得到了無漏智慧解脫．凡夫所有的一切妄想迷惑的習氣．也已經永遠斷絕的智慧力。】還要詳詳細細稱讚阿彌陀佛的光明神通的力用。【力用、就是力量的作用。】也稱讚戒定慧三種法。戒定慧、是修佛法最要緊最重大的三種法。戒、是身業、口業、意業．一些不犯。【身業、就是五戒裏頭的殺盜淫三業．口業、就是妄言綺語兩舌惡口．意業、就是轉惡的邪的念頭。】定、是一心一意專門修學佛法．沒有一些些別種不合佛法的妄念．或是看到了．聽到了．違背佛法的邪說．搖動自己的心。慧、就是智慧。常常用智慧來觀照自己的心性。只有修種種的善業。不造一些些的惡業。解脫的解字、〔解字、要在右角上邊加一圈、讀做夜字音。〕是離開束縛的意思。脫字、是自由自在的意思。解脫有八種。第一、內有色相、觀外色解脫。〔是心裏頭有了色同了想兩種貪欲的壞念頭。就要趕快滅除他。要滅除這種貪欲心。應該要看身外邊的種種不潔淨。那就覺得沒有什麼可以貪了。也沒了什麼可以愛了。貪欲心就自然不會起來了。就解脫了。〕第二、內無色相、觀外色解脫。〔就是心裏頭雖然不起色同了想的那種貪欲。但是要使得不起的心。更加堅固。還是要看身外邊的種種不潔淨。纔可以使得這貪欲的心。永遠不起來。所以叫解脫。〕第三、是淨解脫、身作證、具足住。〔就是不看污穢的色。只看清淨的色。叫淨解脫。在用定功的時候。連了淨的相、都要完全除滅。只見到光明清淨的色。雖然見到了這種清淨的色。還是不起貪欲的心。那就這個身體證得了性解脫了。所以叫身作證。這種解脫、完全圓滿。能夠常住在定上。所以叫具足住。

○性解脫、是說把這個心、完全離開各種定功的障礙。能夠入滅盡定。這個本來有的眞性、就解脫了。具足、就是完全圓滿的意思。○滅盡定、下邊就會解釋淸楚的。】第四、空無邊處解脫。第五、色無邊處解脫。第六、無所有處解脫。第七、非想非非想處解脫。這四種、都是無色定的解脫名稱。【天總共有二十八層、分做欲界色界無色界三界。最高的無色界有四層天、就是空無邊處天、色無邊處天、無所有處天、非想非非想天。因爲第四第五第六第七四種解脫、就是無色界各天上的天人修的、所以就把天的名稱、做了解脫的名稱。總名就叫無色解脫。】在無色定天上的人、就修這四種無色定解脫。各各在所修的定上、觀照苦空無常無我四種法。覺得這種有生死的世界、實在可厭、一定要捨棄的、所以都叫解脫。第八、滅受想定身作證具住。【具住、同了具足住一樣的意思。】也可以叫滅受想定。【受、是領受了外邊種種的境界。就轉種種的妄想、沒有停歇的時候。這受同了想兩種的虛妄法、是修定功最不相宜的、所以一定要滅除、不放他起來的。】解脫知見、是已經切實明白了解脫的意義、見到了解脫的眞相、不再受束縛的意思。修行的人、從修戒得到定功、從修定生出慧來、從修慧得到解脫、從解脫得到解脫知見。這五種法、都是修成佛的功德、這五種功德、修到功夫深了、就成佛了。

此人聞已。除八十億劫生死之罪。地獄猛火。化爲清涼風。吹諸天華。華上皆有化佛菩薩。迎接此人。如一念頃。即得往生七寶池中蓮華之內。

【解】猛字、是厲害的意思。

【釋】這個修行人、聽到了善知識的演說稱讚種種佛法、就滅除了他八十億劫那麼長時期所造的生生死死的罪。地獄裏頭發出來很厲害的火、也就化了清快涼爽的風、吹到許多天華上邊去。這許多天華上邊、都有化佛化菩薩來迎接這個修行人。像轉一個念頭的短時間、就得生到七寶池的蓮華裏頭去了。

經於六劫、蓮華乃敷。觀世音、大勢至、以梵音聲、安慰彼人、爲說大乘甚深經典。聞此法已．應時即發無上道心。是名下品中生者。

【解】梵音聲、是大梵天上的天人所發的聲音。梵音有五種好處．第一、音聲正直．第二、音聲和平雅致．第三、音聲又清又透澈．第四、音聲又沉着、又渾滿．第五、音聲可以周徧到遠地方也能夠聽到。發無上道心．就是發成佛的心。

【釋】這個修行人在蓮華裏頭經過了六個大劫．蓮華纔開放。觀世音、大勢至、兩大菩薩．用很淸淨的音聲安慰他．向他說大乘法很深的經典。這個修行人聽到了這種佛法．立刻就發了成佛的心。這就叫下品中生。

佛告阿難．及韋提希．下品下生者．或有衆生．作不善業．五逆十惡．具諸不善。如此愚人。以惡業故．應墮惡道．經歷多劫．受苦無窮。

【解】五逆．是殺父、殺母、殺阿羅漢、出佛身血、【傷佛的身體．使得佛身體上出血。】破和合僧。【許多僧衆．和合在一處．做佛事．修佛道．不但是不幫助他們．倒反在旁邊挑撥破壞他們．使得僧衆互相鬥爭．荒廢佛事。】十惡．是殺生、偸盜、邪淫、妄語、【說虛假的話。】兩舌、【搬弄是非。】惡口、【用惡毒的話來咒罵人。】綺語、【說輕薄話。】貪欲、瞋恚、【發火。】邪見、【不正的見解。】

【釋】佛又囑咐阿難同了韋提希道．下品下生．是九品裏頭的最末後的一品。若是有衆生造種種不善的業．像五種很大的忤逆罪．十種很大的惡業．種種不善的事．大半都犯全的。像這樣愚癡的人．因爲他惡業造得太多了．應該要墮落到地獄餓鬼畜生三種惡道裏頭去的．在惡道裏頭．要經歷過許多劫數．受種種的苦．無窮無盡。

如此愚人．臨命終時．遇善知識．種種安慰．爲說妙法．教令念佛。彼人苦逼．不遑念佛。善友告言．汝若不能念彼佛者．應稱無量壽佛。

【解】不遑、是心思慌亂．來不及念。彼佛、是指阿彌陀佛。

【釋】這樣愚癡的人．到了他壽命完盡的時候．碰到了善知識．用種種的方法．安慰他．向他演說種種很妙的佛法．還教他稱念阿彌陀佛的名號。但是這個愚癡人．被種種痛苦所逼迫．沒有心思可以念佛。這個善知識．【善友、就是善知識。】又向他說道．你若是不能夠念阿彌陀佛．應該稱念無量壽佛。【阿彌陀佛、就是無量壽佛．無量壽佛、就是阿彌陀佛．怎麽不會念阿彌陀佛．又會念無量壽佛呢．因爲人都是貪生怕死的．勸他念無量壽佛．這個人容易依從．所以就念了。】

如是至心。令聲不絕．具足十念．稱南無阿彌陀佛。稱佛名故．於念念中．除八十億劫生死之罪。

【解】至心、心是極眞誠懇切的心。十念、就是十念法．儘一口氣念佛．不論念多少聲．連念十口氣。

【釋】這個人聽到了教他念無量壽佛．就合了他貪生怕死的念頭了．所以就很誠懇的念念佛的聲音就接續不斷的一口氣念十聲念滿十口氣的南無阿彌陀佛。因爲他稱念佛名的緣故在他一個念頭一個念頭不停的想念佛就滅除了他八十億劫所造的生了又死、死了又生的罪。

命終之時。見金蓮華。猶如日輪。住其人前。如一念頃。即得往生極樂世界。於蓮華中滿十二大劫。蓮華方開。

【解】日輪、就是太陽。因爲太陽是圓的。像輪盤那樣的。所以叫日輪。

【釋】這個念佛人到了壽命要完盡的時候。就見到一株金的蓮華。像太陽那樣團圓的停住在他的面前。只有像轉一個念頭那樣短的時間。這個人就往生到極樂世界去了。在蓮華裏頭經過十二個大劫。蓮華剛剛開放。比了上品往生的不曉得要遲多少倍了。

觀世音大勢至。以大悲音聲。爲其廣說諸法實相。除滅罪法。聞已歡

喜．應時即發菩提之心。是名下品下生者。是名下輩生想．名第十六觀。

【解】凡是忽然生．忽然滅．不是常住不變的相．都是虛妄的．不是眞實的實相、是離一切虛妄的相．都歸到眞實的理上邊去。諸法實相、是所有一切的法．都是眞實的．不是虛妄的都是常住不變的．沒有忽生忽滅的。

【釋】這個修行人到蓮華開放的時候．就見到觀世音、大勢至、兩大菩薩．對了他發出大悲的聲音來．【大悲音聲、是聲音裏頭．帶有又懇切、又有哀憐旁人的心思．幾幾乎像有哭出來的聲音。】向他詳詳細細．講演一切佛法眞實的道理．同了能够滅除種種罪惡的法門。這個人聽到了兩大菩薩的說法．心裏頭非常歡喜．立刻就發動了修成佛道的心。這種就叫下品下生。連了上邊下品上生下品中生一併叫做下輩生想．也就叫第十六觀。所有十六種觀想法．到這裏完全講說圓滿了。

說是語時．韋提希．與五百侍女．聞佛所說．應時即見極樂世界廣長之相。得見佛身．及二菩薩。心生歡喜．歎未曾有。豁然大悟．逮無生忍。

【解】侍女、是侍奉韋提希的女子。曾字、要在左邊下角加一圈．讀做成字音．是有過了的意思。豁字、是開通的意思。豁然、是忽然很開通了．大大的明白了。逮字、是得到了的意思。

【釋】佛說完了上邊許多話的時候．韋提希同了伺候他的五百個女子．聽到了佛所說的話．立刻就看見極樂世界很大很長的形相。並且也見到佛的身相．同了觀世音、大勢至、兩大菩薩。韋提希同了五百個侍女因為心裏頭歡喜得很．大家讚歎這種景象從來沒有見過。心裏頭就忽然開通了．大大的覺悟了．就證到了無生忍。

五百侍女．發阿耨多羅三藐三菩提心．願生彼國。世尊悉記．皆當往生。生彼國已．獲得諸佛現前三昧。無量諸天．發無上道心。

【解】獲字、本來是捉到的意思．獲得、就是得到。

【釋】五百個侍女．大家都發了無上正等正覺的心．【就是無上道心．就是成佛的心。】都願意生到西方極樂世界去。佛看見他們都發了大願心．就爲他們五百人．都記了將來成佛的名號。並且往生到了西方極樂世界後．都能够見到許多佛．顯現在他們面前．他們就得到了三昧．都沒有一些些不正不定的心念了。不但是五百侍女．都發了無上道心．連得無量無邊天上的人．也都發了無上道心了。

三流通分

【從下邊爾時阿難卽從座起兩句起．一直到末了禮佛而退一句．都是流通分了。流字、是流傳開來的意思。通字、是通行各處的意思。無論那一部經．在正文說完後．要把佛所說的正文永遠流傳到後世去．使得後世的人．都可以看到聽到．都得到利益．像佛在世的時候一樣．所以叫流通分。】

爾時阿難．即從座起．白佛言．世尊．當何名此經。此法之要．當云何受持。佛告阿難．此經名觀極樂國土．無量壽佛。觀世音菩薩．大勢至菩薩。亦名淨除業障．生諸佛前。汝當受持．無令忘失。

【解】此法、就是說十六種觀想法門。

【釋】凡是佛在說經的時候．阿難一定在說經的法會裏頭奉侍佛．並且把佛所說的法．完全記出一些都不漏掉的．所以佛說法纔說完．阿難就從他的座位上起來．向佛說道．世尊．這部經應該用什麼名稱。所說的十六種觀想法的緊要地方．怎樣的領受．怎樣的記住。佛回答阿難道．這部經的名稱．叫觀極樂國土無量壽佛觀世音菩薩大勢至菩薩。【現在稱觀無量壽佛經．是後世翻譯經文的大法師．簡單的叫法。】也可以叫淨除業障生諸佛前。【這一句的意思．是說業障除滅．到清清淨淨．往生到諸佛的面前。】你應該領受記住．不可以忘掉的。

行此三昧者．現身得見無量壽佛．及二大士。若善男子．及善女人．但聞佛名．二菩薩名．除無量劫生死之罪．何況憶念。若念佛者．當知此人．則是人中分陀利華。觀世音菩薩．大勢至菩薩．爲其勝友。當坐道場．生諸佛家。

【解】分陀利華、是梵語．翻譯中國文．是白蓮華。西方蓮華．有青黃赤白四種．在沒有開．快要開．已經開．同了華落四個時候．顏色就變化四次。正在開放的時候．顏色是白的．像銀又像雪有光的．這種蓮華很大的．一朵華的葉有幾百瓣的多．很香的．這種華．我們凡人的世界上．是沒有的。勝友、是善友．有益的友。道場、是修道的地方．佛坐在菩提樹下得道成佛的．所以成佛就叫坐道場。諸佛家、是說諸佛的家裏頭．就是指極樂世界。

【解】能夠得到正定功夫的修行人．就能夠在現在的一世上．見到無量壽佛．同了觀世音、大勢至、兩大菩薩。若是善男子、善女人．只不過聽到無量壽佛．同了觀世音、大勢至、兩大菩薩的名號、也已經能够滅除無量劫生生死死的罪了、何況時時刻刻想念了。若是有稱念佛號的人、那末這個人就是人裏頭分陀利華了、意思就是說人裏頭最好最上的人、世界上少有的人了。觀世音菩薩、大勢至菩薩、做他有益的朋友。將來能够坐道場成佛、往生到極樂世界諸佛的家裏頭去。

佛告阿難、汝好持是語。持是語者、即是持無量壽佛名。佛說此語時、尊者目犍連、尊者阿難、及韋提希等、聞佛所說、皆大歡喜。

【解】目犍連同了阿難的名字上、都加上尊者兩個字、是因爲他們兩位年歲大、道德高的緣故。

【釋】佛又囑咐阿難道、你要好好的記住我上邊所說的話。能够記住這些話、就是記住無量壽佛的名號。在佛說這幾句話的時候、尊者目犍連、尊者阿難、同了韋提希那些人、都聽到了、大家都非常的歡喜。

爾時世尊．足步虛空．還耆闍崛山。爾時阿難．廣爲大衆．說如上事。無量諸天、龍、夜叉．聞佛所說．皆大歡喜．禮佛而退。

【解】步字、是踏的意思。還字、是回去的意思。

【釋】佛說法說完了．就踏在虛空裏頭．回到耆闍崛山去了。阿難因爲佛好幾次囑咐他記住佛所說的法．所以阿難等到佛回去了．又向到法會裏頭來聽佛說法的大衆．把佛上邊所說的種種事情、景象、法門．詳詳細細重行講演一遍。所有在法會裏頭聽法的許多天上的人．同了龍神、夜叉、聽到了佛所說的一切法．也都非常的歡喜．向佛行了禮．各各退去了。

佛說觀無量壽佛經白話解釋終。

國家圖書館出版品預行編目資料

佛說觀無量壽佛經白話解釋／黃智海註解. -- 初版. --
新北市：華夏出版有限公司, 2024.07
面； 公分. --（圓明書房；049）
ISBN 978-626-7393-06-2（平裝）
1.CST：方等部

221.34 112017878

圓明書房 049
佛說觀無量壽佛經白話解釋

註　解　黃智海
出　版　華夏出版有限公司
220 新北市板橋區縣民大道 3 段 93 巷 30 弄 25 號 1 樓
電話：02-32343788　傳真：02-22234544
E-mail：pftwsdom@ms7.hinet.net
印　刷　百通科技股份有限公司
電話：02-86926066　傳真：02-86926016
總 經 銷　貿騰發賣股份有限公司
新北市 235 中和區立德街 136 號 6 樓
電話：02-82275988　傳真：02-82275989
網址：www.namode.com
版　次　2024 年 7 月初版一刷
特　價　新臺幣 340 元（缺頁或破損的書，請寄回更換）

ISBN-13：978-626-7393-06-2